CIELOS ABIERTOS

DAVID GRECO

BETANIA

Un Sello de Editorial Caribe

Betania es un sello de *Editorial Caribe*
una división de *Thomas Nelson, Inc.*

© **1998 EDITORIAL CARIBE**
Nashville, TN / Miami, FL

www.editorialcaribe.com
E-mail: caribe@editorialcaribe.com

ISBN 0-8811-3798-7

Impreso en México
Printed in Mexico

4ᵗᵃ Reimpresión

sufrió violencia porque Dios ya no era el centro en todos. El hombre empezó a depender de sus conocimientos y de sus juicios, y a hacer lo que bien le parecía.

La humanidad sufrió violencia porque Dios ya no era el centro en todos.

Hoy podemos comprobar qué sucede en nuestra sociedad cuando el hombre se coloca en el centro de la creación y se olvida de Dios: El hombre decide lo que es malo o bueno, lo que debe aceptar o rechazar. Entonces, ¿es posible que aún haya esperanza? Sí, Dios nos da una promesa.

La restauración

Dios hizo una promesa de salvación y restauración. Decreta que su posición como el *todo* en todos la restaurará alguien que vendría de la simiente de la mujer:

> Pondré enemistad entre ti [la serpiente] y la mujer, y entre tu simiente y la simiente suya; esta te herirá en la cabeza, y tú le herirás en el calcañar (Génesis 3.15).

La simiente de la mujer es Cristo Jesús, a quien Dios envió a la tierra para restaurar lo que el hombre perdió por su rebelión.

Desde un principio, Dios estableció en la sociedad hebrea que el primogénito recibiría la herencia de su padre y que defendería y protegería sus bienes e intereses. Esta idea no surge de los israelitas, sino de Dios. Con esto, Dios establecía un principio. Si los intereses y la posición de alguien estaba comprometida, su hijo primogénito se hacía cargo de pelear a fin de restablecer su honor. Como Hijo unigénito de Dios, Jesús es el único que puede restaurar la honra que el Padre se merece. Él vino a anunciar el evangelio del Reino. ¿Qué significa el evangelio del Reino? Simplemente el gobierno de Dios que desciende de los cielos y se quiere establecer en la vida del hombre.

Jesús vino a restaurar la posición de Dios como el *todo* en todos. Este proceso comenzó en la cruz, donde en presencia de todos se avergonzó a los principados y a las potestades:

> Y despojando a los principados y a las potestades, los exhibió públicamente, triunfando sobre ellos en la cruz (Colosenses 2.15).

Bajo el gobierno de Dios todo principado rebelde se juzgó en público y se condenó a la derrota. Bajo el gobierno de Dios mi pecado se pagó con la muerte de un inocente, Jesús.

Este proceso aún no ha finalizado en la tierra. El Padre está sometiendo a todo enemigo debajo de los pies de su Hijo Jesús, hasta que el último enemigo (la muerte) sea destruido. En ese momento el Hijo cumplirá con su propósito y Dios será el *todo* en todos.

Cristo vino a restaurar la relación entre Dios y el hombre. La única relación que este puede tener con Dios es que Él sea el *todo* en su vida. Esta era la relación original entre Dios y Adán. El primer hombre dependía totalmente de Dios, quien le suplía todo lo que necesitaba. Adán encontraba su deleite, su paz, su significado y su razón de ser en Dios. Esa relación se rompió cuando entró el pecado. El hombre se hizo esclavo del pecado, de la rebelión, de su propia voluntad y de Lucifer, el diablo. Sin embargo, Jesús logró en la cruz la total redención de nuestras vidas. Pablo lo explica así:

> A vosotros, estando muertos en pecados y en la incircuncisión de vuestra carne, os dio vida juntamente con Él, perdonándoos todos los pecados. Anulando el acta de los decretos que había contra nosotros, que nos era contraria, quitándola de en medio clavándola en la cruz. Y despojando a los principados y a las potestades, los exhibió públicamente, triunfando sobre ellos en la cruz (Colosenses 2.13-15).

Según este pasaje:

Estábamos muertos. La palabra *muerto* significa «separado». Estábamos separados de Dios por nuestros pecados, que se basan en la desobediencia a un Dios que debe ser el *todo* en nuestras vidas.

Había un acta de decretos en contra nosotros. Esta acta de acusaciones estaba entre Dios y el hombre. Por eso no había comunicación. El acta nos era contraria y era nuestra enemiga.

Jesús pagó por nuestros pecados. Pagó el precio por

nuestra rebelión contra un Dios que debe ser el *todo*. En la cruz se perdonaron nuestros pecados.

Cristo anuló el acta. El Señor no solo anuló el acta, sino que la quitó de en medio de nuestra vida.

Jesús despojó a los principados y potestades. La palabra *despojar* significa «desarmar». De modo que Jesús despojó a los principados de un arma que tenían contra nosotros: el acta de acusaciones. El acta se clavó en la cruz y los principados ya no tienen derecho legal para acusarnos.

Ahora somos libres para someternos al señorío de Dios. Ahora podemos con toda libertad volver a tener la relación que Dios desea tener con nosotros porque contamos con un Sumo Sacerdote que nos lleva hasta la misma presencia del Padre.

El Sumo Sacerdote

En el Antiguo Testamento, los sacerdotes traspasaban el velo del templo una vez al año y entraban al Lugar Santísimo para ofrecer la sangre de animales sobre el propiciatorio. Todos los años los sacerdotes debían repetir esta ceremonia. Sin embargo, Jesús, el Sumo Sacerdote, traspasó los cielos y llegó hasta el Lugar Santísimo (véase Hebreos 4). Allí presentó su propia sangre que el Padre aceptó como pago eterno por nuestros pecados. Este acto se hizo una vez y es eficaz para siempre.

El salmista David continúa el relato. Después de nuestra redención, el Padre le dice al Hijo: «Siéntate a mi diestra, hasta que ponga a tus enemigos por estrado de tus pies» (Salmo 110.1). El Padre le da a su Hijo primogénito la posición que tenía todo primogénito judío: a su mano derecha. También declara su decreto: todo lo que se opone a que Dios sea el *todo*, se someterá bajo el pie del Hijo. Todo lo que no confiese que Dios es el *todo* terminará como estrado de los pies de Jesús. Él es el Señor y todo se debe someter debajo de sus pies.

Esta no es una promesa con condiciones ni una sugerencia divina. Es un decreto o un propósito que ahora mismo se está cumpliendo y que se cumplirá en su totalidad en el futuro. Este es el asunto central del universo y es un conflicto en el que Satanás tratará por todos los medios de volcar el corazón de los hombres en contra de Dios.

En el caso de Job, Satanás intentó que este hombre negara a Dios. Lo hizo atacando su familia, sus amigos, sus bienes y su salud. La Biblia dice que en todo esto «no pecó Job, ni atribuyó a Dios despropósito alguno» (Job 1.22). Job se quejó y cuestionó a Dios, pero no pecó sino que reconoció hasta el final que Él era su Redentor.

Veamos ahora si de nosotros se puede decir lo mismo que dice la Biblia de Job.

La pureza del Reino

Muchos se refieren a los asuntos de esta tierra como lo secular y lo espiritual. Para mí, todo es espiritual y todo tiene que ver con Dios. Las preguntas clave son: ¿Qué lugar ocupa Dios en nuestra vida? ¿Qué lugar tiene Dios en cada asunto? ¿Es el centro en esa idea? ¿Qué ventaja le saca Satanás a las ideas, conceptos y comportamientos? ¿Es nuestra vida una adoración a Dios, sin reservas, sin rivales, sin dudas y de todo corazón? ¿Es Dios el todo en nuestra vida?

El propósito central de Dios está relacionado con todo lo que nos rodea y es el fundamento de la Biblia.

Dios estableció los Diez Mandamientos. Usted puede decir que esa Ley era para los judíos y que corresponde al antiguo pacto. Sin embargo, la Biblia dice:

> Ahora, pues, Israel, ¿qué pide Jehová tu Dios de ti, sino que temas a Jehová tu Dios, que andes en todos sus caminos, y que lo ames, y sirvas a Jehová tu Dios con todo tu corazón y con toda tu alma … No ararás con buey y con asno juntamente. No vestirás ropa de lana y lino juntamente … No tendrás en tu bolsa pesa grande y pesa chica (Deuteronomio 10.12; 22.10,11; 25.13).

En la Ley de Moisés, Dios establece que en su Reino no hay mezcla. En el gobierno de Dios, no se aceptan otras reglas ni otras leyes que no sean las de Él. Pero Satanás mezcla lo carnal con lo espiritual, lo bueno con lo malo. Dios prohíbe la mezcla en su Reino. Cuando mezclamos lo espiritual con lo carnal, Dios no se glorifica. El cruce de caballo con burra produce la mula. Directamente Dios no creó la mula. Fue el hombre el que hizo el cruce.

¿Sabía que la mula es estéril? Cuando mezclamos las cosas de Dios con las cosas de la carne no se producen frutos, o sea, nada glorifica a Dios. Producimos cosas infecundas.

En las leyes del matrimonio, Dios establece el mismo principio. No puede haber mezcla. La unidad del esposo con la esposa reflejan la pureza de la relación del creyente con Dios.

Todo es espiritual y todo tiene que ver con Dios.

Las leyes del tabernáculo, del sacerdocio, del reino de Israel, de la monarquía, establecían el mismo principio. Tampoco aquí debe haber mezcla. Dios es el centro en todas estas leyes. No puede compartir con nadie el trono de autoridad y de absoluto señorío.

En las leyes de la siembra y la cosecha Dios establecía que en un terreno no se podían combinar el sembrado de dos semillas. Dios incluso les prohibió la mezcla de materiales diferentes en las telas. Dios quería establecer su gobierno hasta en las cosas más sencillas de la vida.

En la obra de salvación, Dios establece el mismo principio. Se nos ha enseñado que somos los beneficiarios exclusivos de la salvación. Sin embargo, el centro de la obra de salvación es que Dios restaura su posición de centro absoluto en la vida del creyente. Antes, Satanás tenía derechos sobre nuestra vida, nos podía acusar y reclamar para el reino de la muerte. Pero después de la victoria de Jesucristo, Dios nos reclama y nos separa para Él. Dios es el *todo* en nuestra vida.

Muchas veces cuestionamos el porqué de nuestras experiencias, sobre todo si son dolorosas. Hay quienes nos ofrecen diversas explicaciones, al igual que los amigos de Job. A fin de cuentas, el propósito de toda experiencia es que Dios ocupe un lugar más central en nuestra vida y que Satanás, el mundo y nuestra carne se sometan bajo el señorío de Cristo. En el ministerio, Dios también establece el mismo principio.

¿Cuál es el propósito de la evangelización? El propósito principal es anunciar el establecimiento del gobierno de Dios en todas las naciones.

¿Cuál es el propósito de la Iglesia? Mostrar al mundo que Dios es real y que es Rey y Señor de todo. Es mostrarle al mundo un pueblo que se somete al gobierno de Dios.

¿Cuál es el propósito de toda actividad dentro de nuestras iglesias? Tener comunión, unidad espiritual. Las actividades congregacionales no son para divertir, levantar fondos ni fomentar la camaradería. Cuando tenemos comunión entre hermanos, exaltamos a Dios, su Reino y sus intereses. No exaltamos nuestros intereses. Por eso Satanás odia la unidad y fomenta la división. Todo lo que hagamos debe tener como centro a Dios. Todo debe servir a sus propósitos. Si no, será sometido bajo los pies de Cristo. Lo que no se somete al señorío de Jesús es nuestro enemigo.

Dios se ha propuesto ser el *todo* en su vida. Él debe ser el centro de todos sus asuntos, pensamientos y planes. Él quiere ser el centro en su corazón. Si ya aceptó a Jesucristo como su Salvador, está libre de Egipto y de la esclavitud del pecado.

Sin embargo, es posible que en este momento esté pasando por un desierto de pruebas en el cual Satanás lo está tentando. Quizás sienta una gran desesperación por salir pronto de esa prueba. Tal vez sienta la tentación de hacer algo erróneo para tratar de resolver la situación. Hay quienes se mudan de sitio, se divorcian o hacen préstamos con altos intereses que los esclavizan. Muchos otros en cambio usan métodos «espirituales», ayunan y oran de manera religiosa para que Dios los saque del desierto.

Si esta es su situación, ¡deténgase! Satanás ya no tiene autoridad sobre usted ni está a cargo de su desierto. Al quererse establecer como rey de su vida, Satanás levanta un desafío. Solo trata de retar la autoridad de Dios. ¡Resístalo! ¡Dios es su *todo*!

En esencia

Este capítulo lo puedo resumir de la siguiente manera:

> *1. El propósito de Dios es ser el todo en nuestras vidas de manera que vivamos sometidos a su gobierno.*
> *2. El pecado introdujo la rebelión contra el propósito de Dios.*
> *3. Dios quiere restaurar su gobierno en nuestras vidas para que Él sea el todo en todos.*

Sin embargo, no podemos detenernos aquí. Pasemos ahora a ver cómo Dios restaura su gobierno.

2

La señal más grande de Dios

Pero a cada uno de nosotros fue dada la gracia conforme a la medida del don de Cristo. Por lo cual dice: Subiendo a lo alto, llevó cautiva la cautividad, y dio dones a los hombres. Y eso de que subió, ¿qué es, sino que también había descendido primero a las partes más bajas de la tierra? El que descendió, es el mismo que también subió por encima de todos los cielos para llenarlo todo. Y Él mismo constituyó a unos, apóstoles; a otros, profetas; a otros, evangelistas; a otros, pastores y maestros, a fin de perfeccionar a los santos para la obra del ministerio, para la edificación del cuerpo de Cristo, hasta que todos lleguemos a la unidad de la fe y del conocimiento del Hijo de Dios, a un varón perfecto, a la medida de la estatura de la plenitud de Cristo; para que ya no seamos niños fluctuantes, llevados por doquiera de todo viento de doctrina, por estratagema de hombres que para engañar emplean con astucia las artimañas del error, sino que siguiendo la verdad en amor, crezcamos en todo en Aquel que es la cabeza, esto es, Cristo, de quien todo el cuerpo, bien concertado y unido entre sí por todas las coyunturas que se ayudan mutuamente, según la actividad propia de cada miembro, recibe su crecimiento para ir edificándose en amor (Efesios 4.7-16).

Cada creyente, sin que nadie quede excluido, ha recibido por gracia algo de Cristo. Eso es precisamente lo que el apóstol Pablo nos dice en este pasaje. Aquí nos describe la revelación del ministerio de Jesús después de su resurrección y nos muestra que Cristo también está enfrascado en otro trabajo. Pablo comienza diciendo que cada uno de nosotros ha recibido *la gracia*. Por supuesto, nadie merece nada de Dios. Esta gracia debe ser magnífica porque es conforme a la medida del *don* de Cristo.

Los dones que Cristo da

La palabra *don* significa «dádiva, beneficio». Según el

beneficio que Cristo nos ha dado, Pablo dice que *todos* hemos recibido dones o regalos.

En Cristo recibimos la vida eterna, el Espíritu Santo, la justicia (declaración de inocencia frente al Juez) y un ministerio. ¡Qué regalo! Lo más grandioso es que hemos recibido estos dones sin que nos cuesten nada. Jesucristo pagó el precio en la cruz, viviendo de manera santa e inocente y ofreciendo su vida en nuestro lugar como pago por nuestros pecados.

Veamos ahora, cómo el NuevoTestamento nos describe estos *dones*:

El don de la vida eterna

Respondió Jesús y le dijo: Si conocieras el *don* de Dios, y quién es el que te dice: Dame de beber; tú le pedirías, y Él te daría agua viva (Juan 4.10, énfasis añadido).

El don del Espíritu Santo

Arrepentíos, y bautícese cada uno de vosotros en el nombre de Jesucristo para perdón de los pecados; y recibiréis el *don* del Espíritu Santo (Hechos 2.38, énfasis añadido).

El don de la justicia

Si por la transgresión de uno solo [Adán] reinó la muerte, mucho más reinarán en vida por uno solo, Jesucristo, los que reciben la abundancia de la gracia y el *don* de la justicia (Romanos 5.17, énfasis añadido).

El don del ministerio

Del cual [de Cristo] yo fui hecho ministro por el *don* de la gracia de Dios que me ha sido dado según la operación de su poder (Efesios 3.7, énfasis añadido).

El don de ministerios que Cristo dio a la humanidad se describe en cinco funciones: apóstoles, profetas, evangelistas, pastores y maestros. Él nos dio estas funciones para el cumplimiento de un propósito: «Perfeccionar a los santos para la obra del ministerio; es decir, la edificación del cuerpo de Cristo».

La palabra *perfeccionar* significa «preparar, entrenar, calificar plenamente para el servicio». Esta palabra se usaba en medicina para describir el proceso de colocar en su lugar original un hueso que se había quebrado. Cristo nos dio los cinco dones para colocar a cada santo en la obra del ministerio.

El ministerio se define en este pasaje como «edificación del cuerpo de Cristo». Cada creyente tiene un lugar en el ministerio. La religión nos ha enseñado que el ministerio es solo para unos pocos. Sin embargo, la Biblia enseña que el ministerio es para todos. Debemos servirnos unos a otros para que el Cuerpo de Cristo no se destruya, sino que se edifique.

El proceso de preparar a cada santo y colocarlo en el lugar que le corresponde se debe hacer hasta que todos lleguen a la unidad de la fe y del conocimiento de Jesucristo. ¿Cuánto tiempo hará falta? El necesario para llegar a ser «un varón perfecto».

El varón perfecto

Hasta que Dios me mostró su significado, creía que este «varón perfecto» era una descripción del ideal al que cada creyente debe aspirar. Pero no es así. El «varón perfecto» no es la descripción de un individuo, sino de la Iglesia, que es un cuerpo. De ahí que Pablo nos dé esta definición:

1. *Todo el cuerpo, bien concertado.* «Concertar» significa «componer, ordenar, arreglar, ajustar». En una pared, los ladrillos deben encajar bien y estar bien nivelados, sin que sobresalga ninguno. De la misma manera, todos los miembros de este cuerpo están perfectamente encajados.

2. *Unido entre sí por todas las coyunturas.* «Unir» significa «juntar dos o más cosas entre. sí, haciendo de ellas un todo». Así como las coyunturas mantienen a los huesos en su lugar, la unidad del Espíritu en el vínculo de la paz mantiene unidos a nuestros hermanos y hermanas en el Cuerpo.

3. *Que se ayudan mutuamente.* «Ayudar» significa «prestar cooperación, auxiliar, socorrer, apoyar». Cada miembro de este Cuerpo suple a las diferentes partes todo lo que necesitan para mantenerse vivas y saludables en la actividad propia e individual. 4. *Según la actividad propia de cada miembro.* La palabra «actividad» significa «facultad de obrar, diligencia, eficacia, poder, energía». Cada miembro tiene su propio poder de acuerdo a su responsabilidad. Por eso Pablo usa la palabra «propia». De la misma manera, cada miembro tiene su poder particular para suplir las necesidades de los demás miembros.

5. *Para ir edificándose en amor*. Este es el propósito de todo lo que hemos analizado. «Edificar» significa «fabricar, hacer un edificio o mandarlo construir». Este edificio es la Novia de Cristo que el Espíritu Santo está preparando. Por eso debe ser una novia «amorosa».

Dios está preparando un varón perfecto en vez de muchos varones perfectos. Aunque Él nos mira como individuos, también está construyendo un «edificio» compuesto de individuos. Por eso, como un solo individuo debemos caminar, pensar y actuar en la misma unidad de fe y de intimidad con Cristo.

¡Eso es imposible!, quizás ya esté pensando. Pero no es así. Históricamente, los hombres que han ejercido las posiciones de apóstoles, profetas, evangelistas, pastores y maestros no nos han perfeccionado para que caminemos como un varón perfecto. Cada uno quiere ser distinto. Cada organización busca resaltar sus distintivos. Dios tenga misericordia de quienes tienen la encomienda de garantizar que cada santo encaje bien en «el edificio» que Él está preparando: el Cuerpo de Cristo.

Los cinco ministerios sirven para que los santos (los creyentes) encontremos nuestro lugar en el ministerio a fin de edificar el Cuerpo de Cristo. Este proceso durará hasta que *todos*, sin que nadie quede excluido, lleguemos a ser *un varón perfecto*. Este varón es como Jesús, de la misma medida, estatura y plenitud. ¡Qué promesa!

La pregunta ahora es esta: ¿Somos un varón perfecto? La respuesta es *no*, aún no. Y entonces, ¿qué sucederá? Sigamos adelante.

La señal

El Padre declara que su Hijo Jesús sería una «señal».

> El Señor mismo os dará señal: He aquí que
> la virgen concebirá y dará a luz un hijo, y
> llamará su nombre Emanuel (Isaías 7.14).

¿Qué es una señal? Una señal es una «marca que se pone o hay en las cosas para distinguirlas de otras, signo o medio para recordar algo, sello, indicio». Diferencia un lugar de otro. Cuando viaja por una carretera, puede distinguir un pueblo de otro por las señales. Una señal guía al viajero a su destino final y le advierte de los peligros cercanos. También le indica que vienen cambios y que debe estar alerta. Una señal indica que algo está a punto de manifestarse, pero no es en sí una manifestación. La señal nos dirige a un destino o a un fin.

Cuando usted va al aeropuerto a tomar un avión que lo llevará a otra ciudad, primero debe ir al mostrador de la línea aérea para obtener la autorización de abordar. Al salir del mostrador debe dirigirse hacia la puerta de salida y buscar la señal que le indique dónde está el avión que lo llevará al destino final. Cuando encuentra la señal de su vuelo, no se para frente a ella, pensando llegar a su destino. Para lograrlo, debe subir al avión y completar el viaje.

Jesús fue una señal que recibimos, no el cumplimiento de una señal. Una señal no se cumple cuando se da, sino cuando se manifiesta lo que indica que ha de manifestarse. Jesús fue una señal que se manifestaría para revelación de los gentiles y para gloria en Israel. Con el nacimiento de Jesús se da la señal como una confirmación de la esperanza de salvación.

La confirmación de la señal

Cuando José y María llevaron al niño Jesús al templo para presentarlo, encontraron a un hombre justo y piadoso llamado Simeón. En Israel, había un remanente de judíos creyentes esperando por su Redentor y Simeón se encontraban entre ellos. Por eso, movido por el Espíritu Santo, al ver el niño lo tomó en sus brazos y bendijo a Dios diciendo:

> Ahora, Señor, despides a tu siervo en paz, conforme a tu palabra; porque han visto mis ojos tu salvación, la cual has preparado en presencia de todos los pueblos; luz para revelación a los gentiles, y gloria para tu pueblo Israel (Lucas 2.28-32).

Para Simeón, Jesús era la confirmación de la señal profética que tanto había esperado. Sin embargo, José y María seguían maravillados de todo lo que se decía del Niño. Y más aun cuando escucharon las palabras que Simeón les dirigió directamente a ellos:

> Y los bendijo Simeón, y dijo a su madre María: He aquí, éste esta puesto para caída y para levantamiento de muchos en Israel, y para señal que será contradicha (Lucas 2.34).

Jesús fue una señal que sirvió de tropiezo a muchos y levantamiento a otros. Esta señal se habría de manifestar para revelación de los gentiles y para la gloria de Israel, pero aun así, muchos no lo aceptarían y seguirían demandando señal.

Ahora los religiosos de la época comenzaron a demandar que Jesús les diera una señal de que Él era el Mesías:

> Maestro, deseamos ver de ti señal. Él respondió y les dijo: La generación mala y adúltera demanda señal; pero señal no le será dada, sino la señal del profeta Jonás. Porque como estuvo Jonás en el vientre del gran pez tres días y tres noches, así estará el Hijo del Hombre en el corazón de la tierra tres días y tres noches (Mateo 12.38-40).

La respuesta del Señor fue contundente. La única señal que recibirían era la de Jonás: su muerte, sepultura y resurrección. Cuando Dios envió a Jonás a la ciudad de Nínive a predicar el arrepentimiento, lo tuvo en el vientre de un gran pez durante tres días y tres noches. Allí se dio la señal de la muerte y resurrección de Jesucristo. Esta señal de Jonás se cumplió cuando Jesús murió y resucitó al tercer día. Sin embargo, con el cumplimiento de la señal de Jonás no se cumplió la señal de Jesús. ¿Cuándo se cumple la señal de Cristo?

Dios muestra que no solo Jesús era una señal, sino que todos los hijos de Dios lo serían. Así nos lo dice la Biblia en Isaías 8.18:

> He aquí, yo y los hijos que me dio Jehová
> somos por *señales* y presagios en Israel, de
> parte de Jehová de los ejércitos, que mora en el
> monte de Sion.

Jesús fue una señal, pero Él estaba señalando a alguien que vendría después de Él para cumplimiento de su obra. Ese alguien es el *varón perfecto*. En realidad, Jesús indicaba a su Cuerpo, la Iglesia, con sus diferentes miembros.

¿Cómo se propuso Dios levantar a este «varón perfecto» para que la señal de Jesús se cumpla en su totalidad? Dios lo está creando. En el libro de Génesis, Dios lo revela en el relato de la creación. En la Ley de Moisés, Dios lo revela en la celebración de las fiestas judías.

El primer día de la creación y el primer mes del año judío

En el primer día Dios usó «la palabra» para crear el polvo de la tierra:

> En el principio creó Dios los cielos y la
> tierra (Génesis 1.1).

En ese primer día de la creación Dios creó los elementos o sustancias que usaría después para formar al hombre. A este lo formó del polvo de la tierra y de su aliento.

Por tanto, no debemos desesperarnos si vemos que aún la Iglesia no camina como un «varón perfecto». Ya contamos con todo lo que necesitamos para llegar a serlo, pues Dios nos lo ha dado a través de Cristo y lo está administrando mediante el Espíritu Santo.

También en el primer día de la creación Dios hizo la

luz. De acuerdo con Apocalipsis 1.11 y 2.28, el *principio* es uno de los nombres de Cristo. En el principio hubo luz, pues Jesús es la luz del mundo.

Cuando nació Jesús, llegó la luz. El principio de la creación era una señal del día en que Jesús nacería en Belén:

> Aquella luz verdadera, que alumbra a todo hombre, venía a este mundo (Juan 1.9).

La salvación, la justificación o la obra redentora de Jesús es el principio de la vida eterna.

En la Ley de Moisés Dios estableció que la Pascua se debía celebrar en el principio de los meses. Esta fiesta significaba para Israel el comienzo de un nuevo año y de una nueva vida para Israel. Era el paso de la esclavitud a la tierra prometida.

El derramamiento de la sangre del cordero pascual se debía hacer al principio del año judío. Este principio divino se cumplió cuando Jesús dio su vida, derramando su sangre para la redención de nuestros pecados y la obtención de la vida eterna.

Así que, Dios establece en su Palabra que en el *principio* se encierran dos elementos: la luz y la sangre de Cristo. Dios comienza todo con la revelación de la luz y con la muerte de su Hijo.

Tres días después de la Pascua el pueblo de Israel celebraba la Fiesta de las Primicias:

> Habla a los hijos de Israel y diles: Cuando hayáis entrado en la tierra que yo os doy, y

> seguéis su mies, traeréis al sacerdote una
> gavilla por primicia de los primeros frutos de
> vuestra siega (Levítico 23.10).

Antes de la cosecha, Israel debía traer los primeros frutos al Señor para que toda la cosecha fuera bendecida. A Jesús lo crucificaron en la Pascua judía. Tres días después de la Pascua, Jesús salió de la tumba como el primer fruto de una cosecha de hombres y mujeres nacidos a la vida de Dios.

El tercer día de la creación y el tercer mes del año judío

En el tercer día de la creación, Dios hizo que la tierra produjera, que diera vida a la vegetación.

> Después dijo Dios: Produzca la tierra
> hierba verde, hierba que da semilla según su
> naturaleza, y árbol que da fruto, cuya semilla
> está en él, según su género (Génesis 1.11).

En la Ley de Moisés, Dios estableció que el día de Pentecostés se celebrara en el tercer mes del año judío, cincuenta días después de la Fiesta de la Pascua y cuarenta y siete días después de la Fiesta de las Primicias. Esta era la celebración en agradecimiento a una cosecha abundante. Este principio se cumplió cuando el Padre envió al Espíritu Santo, cincuenta días después de la crucifixión de Jesús y cuarenta y siete días después de su resurrección. En ese día la Iglesia de Jesucristo cosechó tres mil nuevos convertidos. A partir de ese momento, la Iglesia ha estado cosechando almas en todas las naciones.

El sexto día de la creación y el tercer mes del año judío

En el sexto día de la creación Dios hizo al hombre para que se enseñoreara sobre ella.

> Dijo Dios: Hagamos al hombre a nuestra imagen, conforme a nuestra semejanza; y señoree en los peces del mar, en las aves de los cielos, en las bestias, en toda la tierra, y en todo animal que se arrastra sobre la tierra (Génesis 1.26).

Dios creó al hombre a su imagen y semejanza para que fuera su agente en la tierra, para que la señoreara y dominara al resto de la creación. Todo esto fue por gracia. Sin embargo, el verdadero poder de los seres humanos será posible solo si obedecen la ley de Dios.

El séptimo día de la creación y el séptimo mes del año judío

En el séptimo día de la creación, Dios descansó. Asimismo, en el séptimo mes del calendario judío estableció que se celebraran la Fiestas de los Tabernáculos, la Fiesta de las Trompetas y el Día de Expiación:

♦ La Fiesta de los Tabernáculos se puede llamar también de las Cabañas o de la Invocación. En esta fiesta los israelitas debían habitar durante siete días en tabernáculos o cabañas de ramas y hojas de árboles, que construían en los techos de las casas, en los patios, en el atrio del templo y hasta en las calles. De ese modo recordaban que habían habitado en tabernáculos durante los años de peregrinación en el desierto. Todos debían regocijarse delante de

Dios por la protección sobre su pueblo (véase Levítico 23.39-43).

♦ La Fiesta de las Trompetas era una celebración con el son de las trompetas, que llamaba a santa convocación (véase Levítico 23.24). Dios estableció el propósito de las trompetas: «Jehová habló a Moisés, diciendo: hazte dos trompetas de plata; de obra de martillo las harás, las cuales te servirán para convocar la congregación, y para hacer mover los campamentos. Y cuando tocaren, toda la congregación se reunirá ante ti a la puerta del tabernáculo de reunión» (Números 10.1-2).

♦ El Día de Expiación era una celebración solemne que se guardaba el décimo día del séptimo mes. No había alegría, era un día de aflicción y de ayuno. Durante este día el sumo sacerdote entraba en el Lugar Santísimo con incienso y con la sangre del cordero que se derramaba sobre el propiciatorio. Este era un día de arrepentimiento y de perdón (véase Levítico 23.26-32).

Resumen de las fiestas judías

Si resumiéramos todo lo que hemos analizado con respecto a las fiestas judías, podríamos llegar a lo siguiente:

De acuerdo con lo que hemos observado, las fiestas del primer mes, la Pascua y Primicias, se cumplieron en la muerte y resurrección de Cristo. Asimismo, en la creación del primer mes vemos que Dios creó todo para preparar la creación del hombre. Dios creó la tierra o el polvo que luego usaría para formar al hombre.

En cuanto a la fiesta del tercer mes, el día de Pentecostés, se cumplió cuando el Espíritu Santo se derramó sobre los ciento veinte en el aposento alto. Asimismo en el tercer día de la creación Dios produjo vegetación que diera semilla según su género. En el día de Pentecostés, la Iglesia produjo tres mil almas que nacieron de nuevo por el Espíritu.

¡Las últimas tres fiestas del séptimo mes no se han cumplido!

En el séptimo día, Dios descansará y sonará la trompeta. Convocará a su pueblo para que celebremos por siete años, no en tabernáculos de palmas, sino en las bodas del Cordero. Allí cantaremos a Jesucristo un nuevo cántico:

> Digno eres ... porque tú fuiste inmolado, y con tu sangre nos has redimido para Dios, de todo linaje, lengua, pueblo y nación; y nos has hecho para nuestro Dios reyes y sacerdotes, y reinaremos sobre la tierra (Apocalipsis 5.9-10).

La fiesta de la Expiación se conmemorará cuando los israelitas pasen por un período de aflicción y de tribulación. En ese momento reconocerán a Jesús, el Cordero de Dios. Esa será la gran tribulación en que Israel creerá en el Mesías que perdonará y limpiará su rebelión.

Pero, ¿cómo saber en que período nos encontramos? ¿Cuál es nuestra posición como cristianos?

La formación del varón perfecto

Como hemos visto, ya se cumplieron las señales del primer día de la creación y del primer mes del año judío. También se cumplieron las del tercer día de la creación y del tercer mes del año judío. Sin embargo, aún no se han cumplido las señales del séptimo día de la creación y del séptimo mes del año judío.

¿En qué período estamos en la actualidad? En el sexto día, en el día que Dios formó al hombre. Esta es la época en que Él está formando al *varón perfecto*. Mientras esperamos el cumplimiento de la Fiesta de las Trompetas, la Fiesta de los Tabernáculos y el día de Expiación, Dios está perfeccionando a su varón perfecto, que será como su Hijo Jesús.

Este varón perfecto, o Iglesia del Señor Jesús, se está formando «a la medida de la estatura de la plenitud de Cristo», se está formando firme, para resistir cualquier engaño «de todo viento de doctrina». Este varón perfecto seguirá la verdad, «edificándose en amor» para con su prójimo, crecerá en todo aspecto de su relación con Jesús, que es la cabeza y el Señor de su vida. Estará bien colocado en el Cuerpo de Cristo, ayudando a otros y recibiendo ayuda en cualquier necesidad que tenga. Este varón perfecto estará vestido de Cristo, de su carácter y de su poder.

Quizás piense que estoy hablando de un personaje imaginario, pero no es así. Me refiero a usted, quien será perfeccionado hasta que llegue a ser este varón perfecto. Si en este momento se encuentra atravesando los desiertos de la vida, es porque Dios lo sacó de Egipto (su antigua vida de pecado) para llevarlo a la tierra prometida (a un varón perfecto hecho a la imagen de Cristo).

¿Por qué decimos que aún la Iglesia no se ha transformado en el «varón perfecto»? Porque tenemos que ser semejantes a Cristo y Él es totalmente diferente a nosotros.

El pensamiento de Cristo

No cabe duda que los familiares y discípulos de Jesús descubrían continuamente que sus pensamientos, juicios y opiniones eran contrarios a los del Maestro. En las bodas de Caná, su propia madre le dijo: «No tienen vino». A lo que de inmediato Jesús le respondió: «¿Qué tienes conmigo mujer? Aún no ha venido mi hora» (Juan 2.3-4). Con sus palabras, Jesús le demostraba a su madre que sus pensamientos eran diferentes.

Estoy seguro de que algunos de ustedes se han sentido como yo me he sentido varias veces. *¿Por qué cometo tantos errores en mi vida? De una manera u otra siempre digo y hago lo indebido. Señor, ¡nunca hago lo que esperas de mí!*, le digo al Señor.

¿Quiere saber lo que Dios me ha respondido? *David, eso es exactamente lo que te estoy enseñando. ¡Hasta que no aprendas esa lección no puedo enseñarte nada más!*

Algunas veces nuestra mente nos engaña. Nunca sabemos lo que hay detrás de nuestras motivaciones. Hay ocasiones en que he creído que mis sentimientos y pensamientos han sido muy devotos y cristianos. Me he comportado como Pedro:

—Maestro, ¡no debías estar lavándonos los pies!

—En este momento no entiendes por qué lo hago le respondió Jesús, pero algún día lo entenderás.

—¡No! —protestó Pedro—. ¡Jamás permitiré que me laves los pies!

—Si no lo hago replicó Jesús, no podrás identificarte conmigo.

—¡Entonces no me laves solamente los pies! —exclamó Pedro—. ¡Lávame de pies a cabeza!

(Juan 13.6-9, *La Biblia al día*)

En apariencia, la primera reacción de Pedro fue buena. Sin embargo, cambió de opinión cuando Jesús le mostró que estaba equivocado. Fue entonces cuando quiso recibir la bendición del Maestro, quien le estaba enseñando a despojarse de todo deseo egoísta.

La obra del Espíritu Santo

Cuando nos encontramos en los desiertos de Dios, nuestros mejores deseos y nuestros más puros pensamientos están expuestos a la obra profunda del Espíritu Santo. Esto ocurrirá hasta que seamos formados conforme a la medida de Cristo.

El objetivo principal del Espíritu Santo es que Dios sea el *todo* en nuestras vidas y la primera lección que nos enseña es que lo que producimos, pensamos y planificamos es totalmente opuesto a la medida de la estatura de la plenitud de Cristo. Por tanto, nuestra única esperanza es que el Espíritu Santo haga su obra. Si usted se siente incapaz, ¡gloria a Dios!, ha llegado a la primera etapa.

En la segunda etapa, el Espíritu Santo nos muestra que nuestro modelo es Cristo. Todo lo que Dios desea que obtengamos, y todo lo que llegaremos a ser, se encierra en Jesús. Es imposible conocer a Dios y obtener algo de Él separados del Señor Jesucristo.

Nunca llegaremos a conocer a Dios con nuestras fuerzas. Él envió al Espíritu Santo para que revelara a nuestro corazón todo lo que está encerrado en el Hijo. Esta revelación sucederá a través de situaciones y experiencias difíciles en nuestra vida, preparadas por Dios para mostrarnos que solamente la revelación de Cristo nos puede ayudar y salvar. Además, mediante esas experiencias adversas, Dios nos mostrará que para llegar a ser como Jesús necesitaremos un milagro sobrenatural.

Antes de entrar en el desierto de Dios, «todos somos como suciedad, y todas nuestras justicias como trapo de inmundicia» (Isaías 64.6). Nuestra única esperanza es que el Espíritu Santo haga la obra. Una vez que nos encontramos en dicho desierto, somos transformados conforme al modelo de Cristo.

¿Se ha sentido alguna vez desesperado porque su vida no va por un buen camino? ¿Se ha sentido derrotado después de haber tratado con todas sus fuerzas de agradar a Dios? Muy bien, esa desesperación y ese sentido de derrota se los ha puesto el Espíritu Santo para llevarlo al lugar de total dependencia. ¡No pierda la esperanza! Dios terminará la obra que comenzó.

Jesús veía cómo los que le rodeaban eran diferentes a Él y comprendía esa diferencia. Sin embargo, nunca intervino para salvar a sus discípulos de cometer errores y fallas. Permitió que cada uno de ellos fuera por su propio camino. Aun en los momentos en que le declaraban su absoluta lealtad y fidelidad, les respondía:

> ¿Ahora creéis? He aquí la hora viene, y ha venido ya, en que seréis esparcidos cada uno por su lado, y me dejaréis solo; mas no estoy solo, porque el Padre está conmigo. Estas cosas os he hablado para que en mí tengáis paz. En el mundo tendréis aflicción; pero confiad, yo he vencido al mundo (Juan 16.31-33).

¿Cómo cree que se sintieron estos discípulos después de la crucifixión de Jesús? Seguramente una sombría desesperación entró a sus almas. No obstante, Él no hizo nada para prevenir ni evitar la traición de ellos pues era necesario que experimentaran ese «desierto».

El Señor también permitirá que fallemos. Oye nuestras oraciones y nuestros deseos de seguirle y servirle. Conoce nuestras debilidades y permitirá que entremos en desiertos para ser formados. No se entristezca, Jesús venció todo obstáculo que vendrá contra su vida.

Si está listo para su transformación, reconozca que en

su propia habilidad no podrá producir nada para la gloria de Dios, deje atrás su derrota y diga como Pablo:

> Con Cristo estoy juntamente crucificado, y ya no vivo yo, mas vive Cristo en mí; y lo que ahora vivo en la carne, lo vivo por la fe del Hijo de Dios, el cual me amó y se entregó a sí mismo por mí (Gálatas 2.20).

En esencia

He aquí las enseñanzas clave de este capítulo:

1. Jesús es la señal de Dios.

2. Una señal no es el fin; nos dirige al fin.

3. Jesús manifestó solamente una señal: la de Jonás. Él murió y permaneció en la tumba por tres días y tres noches, y después resucitó para cumplir así esta señal de Jonás.

4. Al subir a los cielos, Cristo nos dio dones para que su Cuerpo en la tierra se edifique. Ese Cuerpo es el cumplimiento de la señal de Jesús y es el varón perfecto que el Espíritu Santo está edificando hoy.

Usted y yo somos miembros de ese varón perfecto hecho a la misma imagen de Cristo. Pero, ¿estamos seguros cómo es nuestro modelo?

3

Jesús, el modelo

Jesucristo, en medio de sufrimientos inimaginables, obró para el pecador la salvación eterna, la liberación y la victoria sobre la muerte. Esto lo hizo humillándose hasta lo sumo, haciéndose carne y despojándose voluntariamente de sus derechos divinos, que nunca utilizó en sus años terrenales.

De esta manera Jesús aceptó la posición de total dependencia de su Padre con el propósito de darnos el ejemplo. En cada momento de su vida experimentó con toda fuerza y violencia el poder del pecado y de la tentación. Finalmente subió victorioso a los cielos, en un completo triunfo sobre todo poder maligno que como hombres enfrentamos en la tierra.

Nunca pensemos que después que su Hijo logró nuestra salvación y redención, Dios nos justificará por nuestras buenas obras. Él es muy celoso de su Hijo. Cristo es el único de quien el Padre tiene contentamiento (véase Isaías 42.1). Si vamos a complacer al Padre, deberá ser «en Cristo», es decir, siguiendo su ejemplo y dejando que nos forme según su modelo.

Jesús vivió en la tierra por treinta y tres años. Todo lo que hizo y las situaciones que experimentó fueron señales para nosotros. Cuando atravesaba etapas adversas o gloriosas, nos mostraba hacia dónde debíamos llegar. Continuamente nos señalaba al varón perfecto que vendría después de su partida. Ese varón sería el cumplimiento de la señal de Cristo. Veamos en qué consiste esto y cómo intervino el Espíritu Santo.

La concepción por el Espíritu

El Espíritu Santo concibió a Jesús de la misma manera que lo concibió a usted cuando nació de nuevo. Lo que Dios concibe no puede venir de la voluntad ni de los esfuerzos del hombre. El Espíritu Santo es el Espíritu de Verdad, porque proviene de Dios y Él solo concibe lo que es santo y perfecto.

Solamente lo que ha salido del Espíritu de Verdad podrá soportar el fuego del juicio de Dios y derrotar la tentación del diablo, el poder del mundo y la corrupción de la carne.

Cuando el Espíritu Santo nos concibió a un nuevo nacimiento, creó en nosotros nuevas criaturas según el modelo de Jesús. Cristo es entonces el primogénito y los creyentes somos sus hermanos concebidos después de Él:

A los que antes conoció, también los predestinó para que fuesen hechos conforme a la imagen de su Hijo, para que Él sea el primogénito entre muchos hermanos (Romanos 8.29).

Lo que Dios más anhela es hacernos semejantes a Cristo. Crear un varón perfecto.

Nuestra posición de inocencia

Este nuevo hombre o varón perfecto es «creado según Dios en la justicia y santidad de la verdad» (Efesios 4.24). La palabra justicia pinta un cuadro muy poderoso.

Una vez atrapado y acusado, todo criminal debe enfrentarse a un juez para recibir la condena. Su posición frente al juez es de culpabilidad. Pero cuando a un acusado se le prueba su inocencia a través de los procesos legales, su posición frente al juez es de inocente y no puede recibir condena alguna. Debe recibir la libertad al instante. Asimismo la nueva creación del Espíritu Santo en nosotros implica una posición de total inocencia y libertad, sin ninguna acusación.

Un bebé se concibe por completo en el vientre de su madre; es decir, no necesita otros miembros, órganos vitales ni funciones adicionales.

Ese bebé posee en su código genético todo lo que necesita para convertirse en un ser humano adulto. Sus genes tienen toda la información necesaria que dictaminará su estatura, peso, color de ojos y cabello, personalidad y hasta su tono de voz. Estos genes se originan en los padres que lo concibieron. Aun sin haber nacido, ya está completo. Sin embargo, ¡le falta crecer!

La nueva creación del Espíritu Santo en nosotros implica una posición de total inocencia y libertad, sin ninguna acusación.

Asimismo, piense en esto. ¿Quién lo concibió a usted en su nuevo nacimiento? El Espíritu Santo. ¿Qué genes o qué características puso en su ser? Las de Jesús que lo llevarán a ser como Él.

Ahora, es importante analizar cómo fue posible ese nuevo nacimiento.

El «vientre espiritual» de la Iglesia

Jesús nació de una virgen. ¿Qué significa esto? Significa que Jesús no nació por obra de María y José. Ya vimos que el hombre no tuvo nada que ver con la concepción de Cristo. De la misma manera que Jesús nació de una virgen, nosotros también hemos nacido de la Iglesia, una Novia santa y pura que no está casada con el hombre, ni con sus instituciones, ni con las filosofías del mundo. Esta Iglesia, al igual que María, está sometida a la voluntad y al Reino de Dios.

En estos días Dios está relacionándose con su Iglesia. Su deseo es que se limpie de toda influencia del mundo, ya que está a punto de dar a luz a un varón perfecto. Después de concebirnos, el Espíritu Santo nos pone en la «matriz» de la Iglesia para que crezcamos y nos desarrollemos hasta el día del alumbramiento. La Iglesia de Cristo debe cuidar a los que el Espíritu Santo coloca en su vientre espiritual.

Así como María experimentó los dolores de parto, la Iglesia está atravesando por la misma experiencia. Dentro de poco, la Iglesia pura y sin mancha dará a luz un varón perfecto que reflejará la gloria de Cristo en su vida.

¿Quién está a cargo de este proceso? El Espíritu Santo. A este varón perfecto lo veremos en acción durante el último gran avivamiento sobre todas las naciones de la tierra. El mundo no verá una Iglesia dividida, fragmentada, ni desorientada, sino una Iglesia unida y victoriosa. Las naciones verán la gloria de Dios a través de ella.

Los desiertos de Dios en nuestras vidas son los dolores de parto que aceleran el desarrollo del varón perfecto y nos acercan al día del alumbramiento.

Sin embargo, de una cosa sí debemos estar seguros, el enemigo no está con los brazos cruzados. Empleará todas sus armas para que esto no ocurra.

El ataque de Satanás

Satanás, el Dios de este mundo, ataca automáticamente todo lo que concibe el Espíritu Santo. Lo vimos manifestado en Herodes cuando atentó contra la vida de Jesús, la vida concebida por el Espíritu Santo. Asimismo se manifiesta hoy día con los miembros de la Iglesia.

Durante los últimos treinta años, hemos visto en Latinoamérica una explosión de conversiones. Por desgracia, también hemos visto que gran parte de los convertidos no se quedan en nuestras iglesias. En nuestros países se llevan a cabo cientos de cruzadas evangelísticas que dan enorme cantidad de frutos que no podemos retener. Satanás trata de destruir la semilla del Espíritu Santo en esas vidas. En muchas ocasiones tiene éxito en su cometido. Por lo general, la gran mayoría de las personas que se desvían de los caminos de Dios son recién convertidos. Satanás no ceja en su empeño y es por eso que vemos cómo estas personas caen de nuevo en la esclavitud del pecado.

El viaje a Egipto

En medio de la persecución de Herodes, un ángel se le aparece a José y le da instrucciones de que escapara a Egipto. ¿Por qué Egipto? Porque Jesús era la señal que los profetas anunciaron y que el Evangelio de Mateo confirma:

> Cuando Israel era muchacho, yo lo amé, y
> de Egipto llamé a mi hijo (Oseas 11.1).

> Y estuvo allá hasta la muerte de Herodes;
> para que se cumpliese lo que dijo el Señor por
> medio del profeta, cuando dijo: De Egipto
> llamé a mi hijo (Mateo 2.15).

Egipto representa la esclavitud del pecado y las ataduras del mundo.

Después que el Espíritu Santo nos concibe, nos pone en

la «matriz» de la virgen iglesia y recibimos el ataque de Satanás, Dios nos lleva a desafiar las ataduras de pecado de nuestra vieja vida. Todo creyente, por más gloriosa que sea su experiencia de salvación, deberá enfrentar a sus viejas amistades, a sus familiares inconversos y a situaciones tentadoras. Dios nos llevará a esas experiencias para salir victoriosos y libres de las ataduras del pecado.

Egipto representa la esclavitud del pecado y las ataduras del mundo.

Hoy día hay muchos cristianos que no han pasado por la experiencia de la liberación de ataduras que después de muchos años en el Señor aún los atormentan. ¿Cómo puede decirle al mundo que hay libertad en Cristo, si todavía lo atan comportamientos, vicios y debilidades del mundo? Si su antiguo estilo de vida lo confronta y al parecer las viejas tentaciones lo abruman, preste atención. Dios está llevándolo a Egipto para liberarlo. Dios quiere su restauración y que crezca en Él.

Jesús vuelve a Nazaret

Después de un tiempo en Egipto, Dios envía la familia de Jesús a Nazaret con el único propósito de que Jesús creciera:

> Y el niño crecía y se fortalecía, y se llenaba de sabiduría; y la gracia de Dios era sobre Él (Lucas 2.40).

¡Qué natural es el progreso de Jesús! Debió volver a Nazaret, que era un pueblo humilde y desconocido. Así también nosotros debemos pasar por lo mismo. Después de las experiencias iniciales de victoria, viene la realidad. Debemos crecer.

Cada creyente debe afirmarse en una congregación para crecer en las disciplinas de la vida cristiana, por más experimentado que sea y por más almas que gane para el reino de los cielos. El que no atraviesa por este paso imprescindible, no crecerá como es debido y fracasará en su vida cristiana.

La Biblia casi no habla de aquellos años en Nazaret. Aunque no sabemos mucho acerca de la niñez de Jesús, sí sabemos que «crecía en sabiduría y en estatura, y en gracia para con Dios y los hombres» (Lucas 2.52).

Lucas nos muestra la única situación registrada de la época en que Jesús crecía: Cuando tenía doce años de edad, sus padres lo llevaron a Jerusalén para celebrar la fiesta de la Pascua, como hacía todo judío según la Ley de Moisés.

> Acabada la fiesta, se quedó el niño Jesús en Jerusalén, sin que lo supiesen José y su madre ... y aconteció que tres días después le hallaron en el templo, sentado en medio de los doctores de la ley, oyéndoles y preguntándoles. Y todos los que le oían se maravillaban de su inteligencia y de sus repuestas (Lucas 2.43,46,47).

Cuando sus padres le recriminaron por haberse

quedado, Él les respondió: «¿No sabíais que en los negocios de mi Padre me es necesario estar?» (v. 49).

Jesús había estado en Nazaret creciendo en el conocimiento de la Palabra de Dios; es decir, aprendiendo acerca de los «negocios de su Padre».

A todo niño judío se le debía enseñar un oficio o profesión. Pero aun más importante era que su padre terrenal lo preparara en los caminos de Dios, según la orden divina:

> Amarás a Jehová tu Dios de todo corazón, y de toda tu alma, y con todas tus fuerzas. Y estas palabras que yo te mando hoy estarán sobre tu corazón; y las repetirás a tus hijos y hablarás de ellas estando en tu casa, y andando por el camino, y al acostarte, y cuando te levantes. Y las atarás como una señal en tu mano y estarán como frontales en tus ojos; y las escribirás en los postes de tu casa y en tus puertas (Deuteronomio 6.5-9).

El joven Jesús se interesaba en lo más importante: la Palabra de Dios. Por eso buscó a los doctores de la Ley y se sentó a oír y a preguntar. Ellos se maravillaron de sus respuestas. Eso significa que en el diálogo con los teólogos judíos, supo contestar a las preguntas que le hicieron.

Así como Jesús, nosotros debemos estudiar y prepararnos en la Palabra de Dios. Él nos dio el ejemplo. Debemos escudriñar la Biblia y aprovechar toda enseñanza bíblica en nuestras iglesias. De modo que también los expertos en las religiones de esta tierra se maravillen de nuestras respuestas a las incógnitas humanas.

Pero para ello, necesitamos pasar por la Escuela de Dios y aprender bajo su autoridad.

El sometimiento de Jesús y el nuestro

Siendo un niño sabio, Jesús se sometió a sus autoridades paternas.

> Y descendió con ellos, y volvió a Nazaret, y estaba sujeto a ellos (Lucas 2.51).

A sus doce años todavía no estaba listo para ser independiente. Según la tradición judía, aún no era hombre. El niño judío pasaba a ser hombre a los trece años. Así que a Jesús todavía le quedaba un año como niño. Aunque Él era la pura manifestación de la gracia de Dios, se sometió a la Ley y a las costumbres judías.

Como nunca antes, hoy día oímos acerca de lo que Dios desea manifestar en nuestras vidas, en la Iglesia y en las naciones. Sabemos que abrirá los cielos. Sin embargo, para muchos de nosotros el tiempo de la manifestación plena no ha llegado. Todavía debemos someternos a las estructuras establecidas por años. No debemos desesperarnos, pues el día de Jesús ya estaba preparado.

¿Qué hizo Jesús en Nazaret desde los trece años hasta que comenzó su ministerio? Sabemos que estaba sujeto a sus padres. Por lo tanto, volvió a Nazaret a trabajar en el taller de carpintería de José, su padre terrenal. Tuvo que comenzar siendo un aprendiz, barriendo el piso, cargando madera y aprendiendo a hacer muebles. En esos años trabajó de carpintero al lado de su padre y aprendió a conducir negocios con la gente del pueblo. Fue un carpintero lleno de gracia para con los hombres.

Desde los trece años, después que le celebraron la fiesta de bar mitzvah y hasta los treinta años, Jesús fue un simple carpintero. Como niño, adolescente y adulto se sometió a sus padres. Debemos comprender la profundidad de su humillación. Se sometió porque todavía no era el tiempo de su Padre celestial en que su ministerio se debía manifestar.

Así como Jesús, la señal de Dios, empezó a trabajar de aprendiz sometido a su padre, nosotros también debemos actuar de la misma manera. Después de pasar un tiempo creciendo y aprendiendo los negocios de nuestro Padre, nos llegará el momento de servir con humildad y sometimiento a nuestras autoridades, trabajando sin pretensiones humanas.

Debemos comprender la profundidad de su humillación.

Para Jesús, el tiempo ya se acercaba. Su manifestación pronto ocurriría. Los cielos se iban a abrir sobre Jesús. Pero mientras tanto, Él se sometía a su padre José, quien no entendía el verdadero llamado de su Hijo.

Esta es una prueba que pasan la gran mayoría de los hombres y mujeres de Dios. Cuán fácil es someterse a las autoridades que nos entienden y nos guían, pues comprenden el propósito de Dios en nuestras vidas. Pero qué difícil es cuando nuestras autoridades no comprenden ni disciernen el propósito de Dios en nuestro llamamiento. La respuesta es única: someterse hasta que llegue el día de la manifestación, el día de los *cielos abiertos*. Esa prueba es difícil, pero necesaria.

La prueba

Dios tiene un momento específico de cielos abiertos sobre nuestras vidas. Así como Jesús pasó la prueba y esperó, nosotros también debemos vivir nuestras experiencias y esperar. Este es un mensaje para todos aquellos que están esperando que se abran los cielos.

Dios envió también a José delante de los descendientes de Abraham y lo probó cuando permitió que lo vendieran como esclavo, que afligieran sus pies con grillos y que lo enviaran a la cárcel. Sufrió en carne propia lo que nos dice el salmista:

> Hasta la hora que se cumplió su palabra, el dicho de Jehová le probó (Salmo 105.19).

José esperó y pasó la prueba. Cuando llegó la «hora», se cumplió «la palabra». Mientras tanto «el dicho» (el mensaje profético que había recibido en un sueño), lo probó.

En esencia

En este capítulo hemos aprendido cosas muy alentadoras como estas:

> *1. Es hermoso oír directamente de Dios acerca de sus intenciones maravillosas en nuestras vidas.*
>
> *2. Debemos esperar que ese mensaje o visión nos pruebe.*
>
> *3. Es necesario que recibamos la prueba para ver si en verdad hemos asimilado la enseñanza.*
>
> *4. Dios probó a su Hijo Jesús en todo. La Biblia dice que Él fue «perfeccionado por aflicciones» (Hebreos 2.10) hasta que llegó la hora que Dios tenía preparada para la manifestación de los cielos abiertos.*

Siempre debe ser motivo de meditación pensar en la manifestación gloriosa de nuestro Dios... pero, ¿estamos preparados para que Dios manifieste su poder en nuestra vida como en el día de Madián?

4

Como en el día de Madián

Dios se manifiesta de muchas manera y cada una de ellas gloriosa. Veamos qué nos dice al respecto el profeta Isaías:

El pueblo que andaba en tinieblas vio gran luz; los que moraban en tierra de sombra de muerte, luz resplandeció sobre ellos. Multiplicaste la gente, y aumentaste la alegría. Se alegrarán delante de ti como se alegran en la siega, como se gozan cuando reparten despojos. Porque tú quebraste su pesado yugo, y la vara de su hombro, y el cetro de su opresor *como en el día de Madián*. Porque todo calzado que lleva el guerrero en el tumulto de la batalla, y todo manto revolcado en sangre, serán quemados, pasto del fuego. Porque un niño nos es nacido, hijo nos es dado, y el principado sobre su hombro; y se llamará su nombre Admirable, Consejero, Dios fuerte, Padre eterno, Príncipe de paz. Lo dilatado de su imperio y la paz no tendrán límite, sobre el trono de David y sobre su reino, disponiéndolo y confirmándolo en juicio y en justicia desde ahora y para siempre. El celo de Jehová de los ejércitos hará esto (Isaías 9.2-7, énfasis añadido).

Aunque en la tradición cristiana este pasaje se lee principalmente en Navidad, no cabe duda que dichas palabras no solo hablan del nacimiento de Jesús, el Hijo de Dios. Estoy convencido de que Isaías estaba profetizando sobre todo lo que Jesús lograría desde su nacimiento hasta su coronación como Rey y Señor de todo.

Este pasaje comienza hablando de un pueblo en tinieblas, en angustia y en oscuridad. Dios describe la situación del pueblo infiel de Israel. Pero esta oscuridad no duraría para siempre. La manifestación de la gloria de Dios llenaría «de gloria el camino del mar, de aquel lado del Jordán, en Galilea de los gentiles» (Isaías 9.1).

Esta es una profecía exacta acerca de la aparición de Jesús, el Mesías, en el territorio de Israel; específicamente en la tierra del norte, Galilea, donde habitó. Israel, un pueblo que andaba en tinieblas, vio una gran luz al tener a Jesús en su medio.

Sin embargo, a partir del versículo tres, la profecía sigue y habla acerca de la manifestación de la gloria de Dios en Jesucristo: la multiplicación de la muchedumbre, el aumento de la alegría por una cosecha abundante, la liberación de un pesado yugo y la destrucción del cetro de un opresor.

La destrucción del opresor

¿Cumplió Jesús con esta profecía en sus tres años y medio de ministerio en la tierra? ¡No! Esta profecía aún no se ha cumplido. Isaías estaba mirando aun más hacia el futuro. Hablaba de un hijo que tendrá un imperio sin límites, eterno y pacífico que reinaría sobre el trono del rey David.

Pero antes de llegar al establecimiento de ese imperio, habrá un conflicto con el opresor. Este Príncipe de paz quebrantará el yugo, la vara y el cetro del opresor sobre su pueblo y todo armamento usado en esta guerra será destruido en el fuego. El Señor no solo reinará, sino que el opresor se desarmará totalmente.

Estamos viviendo días de batalla por millones y millones de almas en todas las naciones.

Hoy día sabemos que estamos en el tiempo de esta batalla. Las fuerzas del opresor, Satanás, están como nunca antes produciendo yugos que incapacitan a la humanidad para llegar a Dios. Ante esta situación, el Señor Jesús está librando una batalla que culminará en la total derrota de Satanás.

En este tiempo de la historia de la Iglesia estamos viviendo días de batalla por millones y millones de almas en todas las naciones del planeta. Antes de que Jesús vuelva a la tierra para arrebatar a su Novia, la Iglesia que compró con su sangre, se derrotará a Satanás y se destruirán lo yugos que ahora impiden que millones de almas oigan el evangelio de salvación.

Los cielos se abrirán y millones de almas llegarán a los pies del Príncipe de paz durante el último mover del Espíritu Santo sobre las naciones. ¿Cómo sucederá esto?

En el día de Madián

Isaías dice claramente cómo va a ser el gran día en que los cielos se abran: el enemigo caerá derrotado «como en el día de Madián» (9. 4). La última gran victoria de la Iglesia sobre la tierra y el último gran avivamiento serán como en el día de Madián.

Veamos ahora en qué consiste esto al comparar la posición de Israel y la Iglesia actual con respecto a la situación de Israel en el tiempo de Jesús. Pero antes, conozcamos a Madián.

¿Quién era Madián?

El libro de Génesis nos narra el origen de Madián:

Abraham tomó otra mujer, cuyo nombre era Cetura, la cual le dio a luz a Zimram, Jocsán, Medán, Madián, Isabac y Súa (25.1-2).

Después de la muerte de su esposa Sara, Abraham tomó a Cetura por mujer y tuvo seis hijos. Aunque eran hijos de Abraham, los hijos de Cetura no recibieron la bendición de la herencia prometida. Fue Isaac el que la recibió. Los madianitas eran descendientes de Abraham, pero no eran hijos de la promesa.

Los madianitas siempre fueron enemigos de Israel. La lista de atropellos contra los israelitas es grande. Entre ellos, vemos la alianza que establecen con los moabitas (véase Números 22.4). Con el propósito de destruir al pueblo de Israel, contratan los servicios de un falso profeta llamado Balaam: «Ven pues, ahora, te ruego, maldíceme este pueblo, porque es más fuerte que yo» (22.6).

A pesar de este fallido intento de destrucción, los ataques continuaron. Asaltaban los campos cultivados e intentaban convertir a los israelitas en idólatras (25.1-6). Fue entonces que Dios da una orden a Moisés:

> Hostigad a los madianitas, y heridlos, por cuanto ellos os afligieron a vosotros con sus ardides con que os han engañado en lo tocante a Baal-peor, y en lo tocante a Cozbi hija del príncipe de Madián, su hermana, la cual fue muerta el día de la mortandad por causa de Baal-peor (Números 25.17-18).

Por varios motivos esta orden no fue fácil para Moisés: Su esposa era madianita, los madianitas lo recibieron luego de su huida de Egipto y habitó con ellos por cuarenta años. Además, eran parientes que descendían del padre

Abraham.

Sin embargo, los madianitas engañaron a los israelitas tentándolos para que se casaran con sus mujeres, para que hicieran sacrificios y para que adoraran a su deidad Baal-peor. El día en que Moisés cumplió con la orden de Dios se llamó el «día de la mortandad» (v. 18).

Luego Moisés entregó todo el territorio de Madián a la tribu de Rubén. Con esto, aparentemente había terminado el problema con Madián. Sin embargo, no fue así. Años después, aunque Israel subyugó a Madián, Dios fortalece a los madianitas para que sean un arma de disciplina. De modo que ahora analicemos en qué estado se encontraba Israel antes del día de Madián.

Situación de Israel antes del día de Madián

Después de cuarenta años en el desierto, Dios introdujo a su pueblo a la tierra prometida de Canaán. Esto lo hizo a través del liderato de Josué, el joven general que reemplazó a Moisés.

A pesar de que el pueblo de Israel recibió la orden divina de arrojar a todos los pueblos que habitaban la tierra prometida, no obedeció. Permitió que estos pueblos se quedaran trabajando. Como buenos negociantes, los israelitas les cobraban alquiler por el uso de la tierra.

Dios ordenó que se arrojaran a estas naciones porque sabía que tentarían a los israelitas a adorar sus dioses. Como resultado de la desobediencia, estos pueblos los comenzaron a oprimir. Dios entonces tuvo que ungir «jueces» para liberar a su pueblo de la opresión.

A partir de ese momento la historia comenzó a repetirse una y otra vez. Después de que Dios levantaba un juez, Israel gozaba de un tiempo de libertad y prosperidad. Pero poco a poco los israelitas se olvidaban de obedecer a Dios y terminaban adorando a los dioses paganos de los pueblos vecinos. Los hijos de Israel hacían lo malo ante los ojos de Jehová.

Fue así que, después de cuarenta años de reposo, paz y prosperidad bajo el liderazgo de Débora, los israelitas volvieron a desobedecer los mandamientos de Dios. Él entonces los disciplinó y los entregó en manos del pueblo de Madián.

Hacia el día de Madián

En tiempo de los jueces, Madián llegó a ser un enemigo muy peculiar que oprimía a Israel. Los madianitas consumían los alimentos de Israel. Este pueblo no permitía que Israel cosechara lo que había sembrado:

> Sucedía que cuando Israel había sembrado, subían los madianitas y amalecitas y los hijos del oriente [Moab y Edom] contra ellos; subían y los atacaban. Y acampando contra ellos destruían lo frutos de la tierra, hasta llegar a Gaza; y no dejaban qué comer en Israel, ni ovejas, ni bueyes, ni asnos. Porque subían ellos y sus ganados, y venían con sus tiendas en grande multitud como langostas; ellos y sus camellos eran innumerables; así venían a la tierra para devastarla. De este

> modo empobrecía Israel en gran manera por
> causa de Madián; y los hijos de Israel
> clamaron a Jehová (Jueces 6.3-6).

Una vez más el pueblo de Israel esperó estar en el límite de sus fuerzas para volverse a Dios. La historia se repite una vez más. Ante el clamor del pueblo, Dios levanta a su siervo que daría la victoria.

Cuando estudiamos a fondo la historia de Gedeón, vemos una serie de características que tienen algo en común con la vida y ministerio de nuestro Señor Jesucristo. Usemos este medio para recordar la vida de Gedeón y su servicio a Dios.

Gedeón y Jesús

Una vez que los profetas anuncian la manifestación de la gloria de Dios, Él escoge a quienes cumplirán con sus propósitos en la tierra. Jesús se manifestó después de que Juan el Bautista anunciara la venida del Cordero de Dios.

Fíjese en las características de Gedeón y Jesús:

1. *Gedeón vivió en un pueblo desconocido llamado Ofra. Jesús vivió en Nazaret, uno de los pueblos más humildes y desconocidos de Israel.*

La palabra Ofra significa «polvo». Gedeón venía de una familia pobre de la tribu de Manasés, una de las menos conocidas, y para colmo era el hijo menor (Jueces 6.15). Puesto que no era el hijo mayor, Gedeón no tenía el derecho de ser líder. Sin embargo, Dios lo eligió porque cumplía los requisitos necesarios para la obra de Él.

2. *Gedeón protegía los alimentos en Ofra. Jesús protegía su llamado en Nazaret.*

Ya sabemos que los madianitas robaban los alimentos de Israel. El ángel de Jehová encontró a Gedeón escondido en un lagar donde por lo general se pisaban las uvas para elaborar vino. Gedeón estaba allí sacudiendo trigo para esconderlo de los madianitas.

Muchos han dicho que Gedeón era un cobarde porque se escondía en el lagar. Pero lo que hacía allí era evitar celosamente que los enemigos robaran el sustento de su familia. Dios eligió a Gedeón porque este guardaba la bendición.

Dios busca personas que protejan con celo las bendiciones que han recibido, la visión que se ha depositado en sus corazones y la palabra profética que sus espíritus han recibido. Dicho de otra manera: busca personas que no descuiden los dones, los talentos y el llamado divino en sus vidas.

3. *Gedeón se arrepintió por el pecado de su pueblo. Jesús cargó con nuestros pecados.*

La respuesta de Gedeón al ángel del Señor fue esta:

> Ah, señor mío, si Jehová está con nosotros, ¿por qué nos ha sobrevenido todo esto? ¿Y dónde están todas sus maravillas que nuestros padres nos han contado, diciendo: ¿No nos sacó Jehová de Egipto? Y ahora Jehová nos ha desamparado y nos ha entregado en manos de los madianitas (Jueces 6.13).

Esta declaración no parece muy positiva y da la impresión de que Gedeón culpa a Dios. Pero la Biblia dice claramente que el Señor los entregó en manos de los madianitas y dejó de protegerlos por su desobediencia. Con su actitud, Gedeón estaba confesando el pecado de Israel y admitiendo que el problema no eran los madianitas. El conflicto era con el Dios de Israel.

Dios busca personas que protejan con celo las bendiciones que han recibido.

Dios también busca personas que admitan sus propios pecados y los de sus ciudades y naciones.

En repuesta a esta confesión, el Señor le dijo: «Ve con esta tu fuerza y salvarás a Israel de la mano de los madianitas. ¿No te envío yo?» (6.14).

4. *Gedeón ofrendó a Dios algo valioso. Jesús ofrendó su vida para redimirnos.*

Después de oír tan poderosa declaración de Dios, Gedeón dijo:

> Yo te ruego que si he hallado gracia delante de ti, me des señal de que tú has hablado conmigo. Te ruego que no te vayas de aquí hasta que vuelva a ti y saque mi ofrenda y la ponga delante de ti. Y Él respondió: Yo esperaré hasta que vuelvas. Y entrando Gedeón, preparó un cabrito y panes sin levadura de un efa de harina; y puso la carne en un canastillo y el caldo en una olla, y sacándolo se lo presentó debajo de aquella encina (Jueces 6.17-19).

La ofrenda de Gedeón era sumamente generosa, teniendo en cuenta que en su época había gran escasez de alimentos para el pueblo y para los animales. Gedeón ofreció un cabrito, es decir, derramó la sangre de un animal.

Su solicitud de señal era para asegurarse de la aceptación de su ofrenda, la cual una vez puesta sobre la peña, el ángel tocó con su vara y el fuego la consumió. El fuego fue la señal de aprobación de que el mensaje de Dios era para Gedeón.

Dios aprobó el sacrificio de sacrificio de Jesucristo enviando fuego del Espíritu Santo sobre la Iglesia en el día de Pentecostés.

5. *Gedeón empezó su ministerio en su propia casa. Jesús comenzó también con los de su casa.*

Después de esta experiencia de fuego y revelación, Gedeón recibió instrucciones muy directas. Su padre tenía un altar a la deidad de Baal y una imagen de madera de la diosa Asera. Dios le ordenó que destruyera esos dos ídolos y que tomara un buey de la casa de su padre y lo sacrificara con la madera de ellos.

Gedeón tuvo que empezar su ministerio de liberación en su propia casa. Hubiera sido más fácil en la casa de un desconocido. Pero Dios, en su sabiduría, sabía que lo primero que se debe poner en orden es la casa y la familia de los ungidos.

6. *Gedeón confirmó el llamado. Jesús confirmó su llamado en la resurrección de los muertos.*

Luego del primer paso hacia el día de Madián, Gedeón pidió una confirmación a Dios:

> Si has de salvar a Israel por mi mano, como has dicho, he aquí que yo pondré un vellón de lana en la era; y si el rocío estuviere en el vellón solamente, quedando seca toda la otra tierra, entonces entenderé que salvarás a Israel por mi mano, como lo has dicho (Jueces 6.36-37).

Algunos han pensado que la petición de los vellones fue porque Gedeón dudó, pero no es así. Cuando pidió a Dios que confirmara el llamado, no se quería asegurar si Él iba a intervenir o no. Se quiso asegurar de que él era el instrumento que Dios había escogido.

Pero, la historia no termina aquí. El ministerio de Gedeón está rodeado de una serie de acontecimientos y experiencias que culminaron en el gran día de Madián.

Dios levanta profetas y ungidos

Dios levanta profetas con un mensaje de arrepentimiento. Antes de todo avivamiento, Dios envía a los profetas a preparar el camino, anunciando el mensaje de arrepentimiento.

Antes del día de Madián, Dios levantó un joven profeta con un mensaje de arrepentimiento. Antes del día de Jesús, envió a Juan el Bautista con el propósito de predicar arrepentimiento y de preparar el camino al Señor Jesús.

Hoy día, antes de que Dios manifieste su salvación, el

espíritu de profecía se levanta para anunciar las demandas divinas. El propósito principal de este espíritu de profecía no es solo anunciar que Dios está apareciendo con bendición de liberación y avivamiento, sino prepararle el camino para la manifestación de su gloria.

¿Por qué necesitamos liberación? Porque en muchas esferas estamos atados a yugos que no nos permiten ser la Iglesia que Cristo desea. ¿Por qué necesitamos un avivamiento? Porque se requiere vida donde ha entrado la muerte.

Cuando el pueblo *clamó a Dios*, Él respondió, pero antes de la liberación envió un profeta anónimo.

En estos momentos de gran necesidad, en que el espíritu de Madián (Satanás) ha estado consumiendo nuestro sacrificio y trabajo, la Iglesia comienza a clamar: «Señor, ¡necesitamos un avivamiento! ¡Abre los cielos y deciende!»

¡Dios ha contestado! Hoy día el espíritu de profecía se está levantando por toda la tierra, anunciando un poderoso avivamiento. El mensaje central de los profetas es: «¡Arrepiéntete! ¡Los cielos están a punto de abrirse!» Necesitamos cielos abiertos porque están cerrados en este momento.

Cuando los hijos de Dios clamaron, Él les envió un profeta con este mensaje:

> Así ha dicho Jehová, Dios de Israel: Yo os hice salir de Egipto, y os saqué de la casa de servidumbre. Os libré de mano de los os egipcios, y de manos de todos los que os

afligieron, a los cuales eché de delante de
vosotros, y os di su tierra; y os dije: Yo soy
Jehová vuestro Dios; no temáis a los dioses de
los amorreos, en cuya tierra habitáis; pero no
habéis obedecido a mi voz» (Jueces 6.8-10).

Después que el profeta predicó el mensaje de arrepentimiento, Dios les levantó su ungido:

Vino el ángel de Jehová, y se sentó debajo
de la encina que está en Ofra, la cual era de
Joás abiezerita; y su hijo Gedeón estaba
sacudiendo el trigo en el lagar, para
esconderlo de los madianitas. Y el ángel de
Jehová se le apareció, y le dijo: Jehová está
contigo, varón esforzado y valiente (Jueces
6.11-12).

El espíritu de profecía

Antes de toda manifestación de la gloria y del poder de
Dios, la Biblia nos presenta un diseño constante. Entra en
escena un espíritu de profecía:

El Señor le dio un aviso a Caín antes de castigarlo:

Si bien hicieres, ¿no serás enaltecido? Y si
no hicieres bien, el pecado está a la puerta; con
todo esto, a ti será su deseo y tú te
enseñorearás de él (Génesis 4.7).

Antes del diluvio, Dios advirtió a Noé la destrucción
venidera de toda especie (véase Génesis 6.13).

Antes del nacimiento de Isaac, Melquisedec profetizó a
Abram la bendición del Dios Altísimo. Dios le avisó a

Abraham que sus descendientes serían esclavos por cuatrocientos años en una tierra ajena (véase Génesis 15.13).

Antes de la destrucción de Sodoma y Gomorra, Dios dijo:

> ¿Encubriré yo a Abraham lo que voy a hacer, habiendo de ser Abraham una nación grande y fuerte, y habiendo de ser benditas en él todas las naciones de la tierra?
> (Génesis 18.17-18).

Antes del nacimiento de los mellizos Jacob y Esaú, estando ellos en el vientre de Rebeca, el espíritu de profecía anunció que Jacob, el menor, sería elegido para recibir la bendición de su padre Isaac: «Dos naciones hay en tu seno, y dos pueblos serán divididos desde tus entrañas; el un pueblo será más fuerte que el otro pueblo, y el mayor servirá al menor» (Génesis 25.23).

Antes de que José llegara a ser el segundo hombre más poderoso en Egipto y salvara a toda su familia de la muerte, el espíritu de profecía vino a él en un sueño y le anunció que reinaría sobre sus hermanos (véase Génesis 37.6-10).

El espíritu de profecía se manifestó en la vida de José varias veces avisándole a los faraones de Egipto acerca del futuro (véanse Génesis 40.12-15; 41.26-27).

Antes de que Israel fuera liberado de Egipto, Moisés recibió la revelación en el monte Horeb.

Antes de que los israelitas tomaran posesión de la tierra de Canaán, Josué recibió instrucciones específicas acerca de la conquista (véase Josué 1).

En el tiempo de los Jueces, Débora recibió revelación para el general Barac, acerca de la derrota de los cananeos (véase Jueces 4.6-7).

Antes de que Gedeón derrotara a los madianitas, el espíritu de profecía habló a través de un varón profeta que anunció liberación (véase Jueces 6.8).

Antes del nacimiento de Sansón, sus padres recibieron instrucciones proféticas acerca de su llamamiento como juez (véase Jueces 3.7).

En los libros históricos vemos cómo Dios avisaba y dirigía a los reyes de Israel a través de profetas. Por ejemplo, Samuel profetizó al rey Saúl que Dios lo había rechazado y que había elegido a otro rey según su corazón (véase 1 Samuel 15.26). Después de esta declaración, Samuel encontró a un joven pastor de ovejas llamado David y lo ungió como el futuro rey de Israel (véase 1 Samuel 16.13).

La Biblia también nos enseña que después de los profetas o ungidos, Dios prepara un ejército.

Dios levanta su ejército

En el día de Madián Dios envió un profeta a predicar arrepentimiento, eligió un ungido y luego separó un ejército. En Jueces 7 se relata cómo Dios probó a treinta y dos mil voluntarios para finalmente elegir a trescientos ungidos que pelearían al lado de Gedeón.

Esto es un patrón que se repite en la Biblia: El Señor habló a Abraham, lo ungió y le dio una descendencia.

También habló con Moisés, lo ungió y sacó a Israel de Egipto. Dios profetizaba sobre los jueces, los ungía y les daba ejércitos para pelear contra los enemigos. Samuel profetizó acerca de David, lo ungió y luego Dios le dio un ejército.

Lo mismo sucedió con Jesús de Nazaret, nuestra señal. Mientras estaba sometido a sus padres, José y María, se levantó un hombre llamado Juan el Bautista. Dios estaba a punto de manifestar su gloria en su Hijo Jesús. El espíritu de profecía debía aparecer.

Situación de Israel en la época de Jesús

En tiempos de Jesús, Israel era también un pueblo desobediente y orgulloso. Aunque su orgullo se basaba en su religión, el corazón del pueblo estaba lejos de Dios. Fue entonces que permitió que el Imperio Romano conquistara el territorio de Israel.

Antes del nacimiento de Jesús, Roma instaló en Israel un rey que no era judío sino edomita: Herodes. Este descendía de Esaú, hermano de Jacob. Así como los madianitas, Herodes también estaba edificando su corrupto reino a través del sacrificio, el trabajo y los impuestos que imponía a Israel.

Dios también había dado órdenes de destrucción contra Edom, que siempre fue un pueblo enemigo de Dios y de Israel. Sin embargo, en esta época Dios lo estaba utilizando como un arma de disciplina contra Israel.

En medio de esta situación desesperante, el pueblo de Israel *clama a Dios* por liberación, como lo hizo en los días de Gedeón. Dios desea siempre que su pueblo sea libre de toda opresión; es decir, de todo enemigo que lo empobrece y que no permite que prospere espiritualmente.

¡Cuán similar es la situación que vemos hoy en la Iglesia de Cristo! Pareciera que Satanás se está saliendo con la suya después de que hemos invertido esfuerzo, dinero, sacrificio y talentos. Cuántas veces he escuchado a compañeros pastores lamentarse por personas que han estado bajo el ministerio de la Palabra de Dios por mucho tiempo, que luego se alejan muy fácilmente de la comunión con la iglesia y se rinden a tentaciones pecaminosas. Cuántas veces me ha sucedido que después de un culto glorioso o de una experiencia maravillosa en el ministerio donde sirvo, discuto con un compañero o con mi propia esposa. En ese momento pierdo la bendición recibida.

En la actualidad, el espíritu de Madián está vivo y activo. Quiere robar el alimento espiritual, distrayéndonos con trabajos innecesarios o enfocándonos en detalles insignificantes.

Pero el Señor no está ajeno a nuestras necesidades y aflicciones. Siempre envía sus siervos con un mensaje que nos llena de esperanza.

Juan el Bautista entra en acción

El nacimiento de Juan se anunció claramente. Su padre, Zacarías, recibió el siguiente mensaje de Dios acerca de cómo iba a ser su hijo:

Hará que muchos de los hijos de Israel se conviertan al Señor Dios de ellos. E irá delante de Él con el espíritu y el poder de Elías, para hacer volver los corazones de los padres a los hijos y de los rebeldes a la prudencia de los justos, para preparar al Señor un pueblo bien dispuesto (Lucas 1.16-17).

Juan era hijo de un sacerdote en el templo de Jerusalén. Sin embargo, no predicaba en el templo ni conducía su ministerio en el ambiente religioso, sino que predicó en el desierto, fuera de los muros de la ciudad. Predicó lejos de la tradición religiosa de aquella época y fuera de la jurisdicción de los líderes religiosos que gobernaban sobre el pueblo con mano de hierro.

Juan tampoco se vestía como los religiosos del templo ni hablaba como ellos. Era un predicador ambulante, sin iglesia y sin credenciales. Las personas humildes aceptaron el mensaje de Juan con gozo, pero los escribas y los fariseos se burlaban llamándolo fanático y continuamente lo cuestionaban.

Mientras Jesús crecía y se preparaba para el día de su manifestación, las autoridades religiosas rechazaban a Juan. No obstante, Dios llevó ante él a Jesús para que se sometiera y le obedeciera.

El mensaje de confrontación de Juan

El mensaje de Juan fue el mismo que Isaías profetizó en el Antiguo Testamento:

Consolaos, consolaos, pueblo mío, dice
vuestro Dios. Hablad al corazón de Jerusalén;
decidle a voces que su tiempo es ya cumplido,
que su pecado es perdonado; que doble ha
recibido de la mano de Jehová por todos sus
pecados. Voz que clama en el desierto:
Preparad camino a Jehová; enderezad calzada
en la soledad a nuestro Dios. Todo valle sea
alzado, y bájese todo monte y collado; y lo
torcido se enderece, y lo áspero se allane. Y se
manifestará la gloria de Jehová, y toda carne
juntamente la verá; porque la boca de Jehová
ha hablado. Voz que decía: Da voces. Y yo
respondí: ¿Qué tengo que decir a voces? Que
toda carne es hierba, y toda su gloria como flor
del campo. La hierba se seca, y la flor se
marchita, porque el viento de Jehová sopló en
ella; ciertamente como hierba es el pueblo.
Sécase la hierba, marchítase la flor; mas la
Palabra del Dios nuestro permanece para
siempre (Isaías 40.1-8).

Este mensaje profético lo predicó Isaías al pueblo de
Israel que iría al cautiverio babilónico y que culminó al
cabo de setenta años. Llegó entonces el día de la liberación
e Israel volvió a su tierra.

Juan el Bautista predicó este mensaje profético antes de
la aparición de Jesucristo, en un lugar desértico y sin la
indumentaria y la apariencia aceptada por los religiosos.
Era la voz que en el desierto clamaba que se debía preparar
el camino.

Dios mismo iba a preparar el camino con su Espíritu,

alzando todo lo que estaba allanado, bajando todo lo altivo, enderezando las cosas que estaban torcidas y ablandando lo que era duro.

El espíritu de profecía hablaba en contra del orgullo humano, de la carne y de la gloria vacía de las obras del hombre. Todo eso se debía eliminar para que la gloria del Señor se manifestara en Israel.

Las personas tienen hambre de la Palabra de Dios que sale de labios ungidos.

Hoy día este mensaje lo anuncian miles de hombres y mujeres humildes que no tienen la aceptación de algunos líderes religiosos. Esto se debe a que este mensaje de humillación y de arrepentimiento llega al corazón del orgullo religioso, del prestigio denominacional y de los logros y metas institucionales.

Juan predicaba este mensaje de confrontación. Como siempre ha ocurrido, las personas tienen hambre de la Palabra de Dios que sale de labios ungidos. El pueblo iba hasta el desierto para oír a Juan, confesar sus pecados y después dar un paso público cuando Juan lo sumergía en el río Jordán. Esta era la preparación del camino a Jesús.

Jesús se acerca a Juan

Mientras esto pasaba con Juan, Jesús trabajaba en la carpintería de José. Todavía no era tiempo de comenzar su

ministerio. Dios tenía un día preparado y una hora sepa-
rada en que Jesús manifestaría su ministerio.

Jesús estuvo listo a los treinta años. No fue a los veintinueve ni a los treinta y uno. Para que aceptaran a un
hombre como rabino en Israel, debía tener por lo menos
veintinueve años de edad. El Padre esperó hasta los treinta
años para permitir que su Hijo se manifestara.

Asimismo, la manifestación de la gloria de Dios en la
Iglesia no se revelará en el tiempo humano ni con
esfuerzos humanos. Dios lo hará en su tiempo.

De repente, sin anunciarse ni hacerse propaganda,
Jesús llegó hasta la orilla del Jordán para que Juan lo bautizara. Ya había llegado su madurez y estaba listo. Cuando
se acercó a Juan, el profeta no vio que quien se acercaba
era el Hijo de Dios. A quien vio fue a su primo, al hijo de la
parienta María.

Juan reconoce al Hijo de Dios

Juan conocía a Jesús en la carne como primo. Sin
embargo, ya había recibido instrucciones acerca de la
manifestación del Mesías:

> Yo no le conocía; pero el que me envió a
> bautizar con agua, aquel me dijo: Sobre quien
> veas descender el Espíritu y que permanece
> sobre Él, ese es el que bautiza con el Espíritu
> Santo (Juan 1.33).

Juan no reconoció a Jesús como Hijo de Dios hasta que
vio los *cielos abiertos*. Fue entonces cuando por el Espíritu reconoció que Él era el Hijo de Dios. Por eso, cuando

Jesús le pidió que lo bautizara, «Juan se opuso diciendo: Yo necesito ser bautizado por ti, ¿y tú vienes a mí?» (Mateo 3.14).

El bautismo de Juan era un paso de arrepentimiento de pecados. Había estado predicando a los pecadores, pero conocía muy bien a su primo Jesús y sabía que no era un pecador y que no necesitaba arrepentirse ni bautizarse. Sabía que su primo era un judío piadoso y varón perfecto sometido a sus padres y a la Ley de Moisés, y aceptado por todos. También sabía que Él había maravillado a los maestros de la Ley desde niño.

Sin embargo, ya había llegado al día de la manifestación de Jesús. Dios lo estaba guiando a bautizarse y a someterse al ministerio de Juan el Bautista. De manera que Jesús le dijo a Juan: «Así conviene que cumplamos toda justicia» (v. 15).

Jesús se somete a Juan

Jesús se sometió al espíritu de profecía de su día. Aunque su ministerio era superior, el Hijo de Dios o la Señal se sometió a un ministerio inferior. Quien iba a bautizar con el Espíritu Santo y fuego se sometió a quien bautizaba con agua. El Espíritu de Cristo es de sumisión y humildad.

Aunque el ministerio de Juan era solo de anunciador, Jesús se sometió a él. Jesús no se podía bautizar por sí mismo y debió ponerse en manos del profeta. Es interesante notar que los religiosos de la época no hicieran lo mismo.

Ya vimos que antes del momento de la unción del Espíritu Santo, Jesús era simplemente el primo de Juan; es decir, una persona común y corriente. Así serán aquellos que Dios está preparando para manifestar su gloria en la tierra: personas comunes y corrientes que serán transformados en el momento de Dios.

El bautismo de Jesús

Finalmente Juan accede a bautizar a Jesús y lo sumerge en las aguas del Jordán. Lucas nos dice que este bautismo no fue en secreto. Muchos lo vieron. Estoy seguro de que vieron algo fuera de lo normal.

> Aconteció que cuando todo el pueblo se bautizaba, también Jesús fue bautizado; y orando, el cielo se abrió, y descendió el Espíritu Santo sobre Él en forma corporal, como paloma, y vino una voz del cielo que decía: Tú eres mi Hijo amado; en ti tengo complacencia (Lucas 3.21-22).

Juan contempló este suceso. Durante toda su vida había conocido a este Jesús de Nazaret como el hijo de su parienta María. Ahora lo estaba conociendo como el Hijo de Dios. La prueba era contundente. El Espíritu Santo estaba sobre Jesús y permanecía sobre Él. La profecía se estaba cumpliendo. Había llegado la hora. El cielo se había abierto.

Cuando lo bautizaron, Jesús descendió a las aguas del Jordán. En forma figurada murió y resucitó a una nueva vida del Espíritu. Esta fue una muerte voluntaria y una sumisión total a la voluntad del Padre, al lugar que el

Padre eligió, en el día que el Padre separó y bajo el ministerio que el Padre ungió.

Asimismo nosotros, la Iglesia de Jesucristo, tenemos un tiempo que el Padre nos escogió para recibir el tan ansiado avivamiento. Pero, ¿cómo saber que estamos cerca de ese gran día?

Señales del último avivamiento

Hoy día también está apareciendo el espíritu de profecía que representa Juan el Bautista. Vimos que existe un varón perfecto que se está preparando para su manifestación cuando llegue el día de los *cielos abiertos*. Mientras tanto, el espíritu de profecía se ha levantado, no solo en palabras proféticas sino en señales que nos anuncian la manifestación de la gloria de Dios en las naciones:

Por ejemplo, en los últimos veinte años hemos visto a la iglesia latinoamericana experimentar un crecimiento explosivo. Durante diez años hemos experimentado un cambio dramático en los altares de adoración y en la música cristiana. Por veinte años hemos visto cómo se han manifestado despertamientos genuinos de evangelización, liberación y unción en países como Argentina, Colombia, Brasil, República Dominicana, Cuba, Méjico, Panamá, Guatemala, El Salvador y Nicaragua, entre otros.

Estos despertamientos no son la clase de manifestación que la Biblia describe como «avivamiento». Han sido visitaciones del Señor sobre ciudades en las que Dios está ungiendo ministerios evangelísticos, congregaciones, pastores y músicos con el propósito de anunciar que está a punto de derramar un verdadero avivamiento: los cielos abiertos.

Lo que está sucediendo en Estados Unidos y Canadá a través de los despertamientos en Toronto y en Pensacola, son también manifestaciones del espíritu de profecía. Este espíritu está preparando el camino al verdadero avivamiento final antes de la venida de Jesucristo.

Sin embargo, son muchos los que todavía se niegan a aceptar el espíritu de profecía

Rechazo al espíritu de profecía

En la actualidad, oigo de muchos líderes cristianos que no quieren aceptar como válidos algunos de los despertamientos del espíritu de profecía alrededor del mundo. En vez de eso pasan el tiempo buscando incongruencias, herejías y errores de balance.

· Muchas personas van a cruzadas y cultos especiales, viajando cientos de kilómetros, con la esperanza de recibir un toque especial de Dios en sus vidas. Estos individuos, hambrientos de Dios, han recibido las críticas severas de otros cristianos, quienes aseguran que no hace falta viajar a lugares donde hay despertamientos.

Yo decidí someterme a todos los ministerios proféticos que con manifestaciones, aunque algunas imperfectas, anuncian la llegada de la plena manifestación del avivamiento postrero.

Gran parte de los líderes de la Iglesia son muy cautelosos y desconfían de estos movimientos proféticos. Muchos se preguntan: ¿Quiénes son estos profetas?

¿Quién los envía? ¿Qué agenda tienen? ¿De dónde salieron y qué credenciales poseen?

Mientras «el varón perfecto» se prepara silenciosa y pacientemente, los movimientos proféticos seguirán anunciando. Es casi normal que cuestionen y hasta rechacen su mensaje. En la actualidad estamos viendo exactamente lo mismo que le sucedió a Juan. Si le pasó a quien preparó el camino al Señor Jesús, nos pasará también a nosotros.

Se inicia la lucha de poderes

Cuando Jesús era niño, Satanás intentó matarlo a través del sistema político. Pero después de eso Jesús no tuvo ninguna confrontación con las fuerzas demoníacas. Hasta el momento de su bautismo en el día del Jordán, no había echado fuera un demonio, no había sanado a ningún enfermo ni había hecho ningún milagro.

Sin embargo, el día de su bautismo Jesús recibió el poder para destruir las obras de Satanás, para sanar a los enfermos y para resucitar a los muertos.

Dios usó a un profeta que ministraba fuera de los muros del templo y la manifestación de Jesús sucedió en el Jordán, a unos cincuenta kilómetros de Jerusalén.

Cuando llegue el día de nuestra manifestación, lo sabremos porque nos tendremos que someter al espíritu de profecía y el Padre nos demandará que muramos a nuestra carne, es decir, a nuestra voluntad.

En esencia

Es importante destacar una serie de aspectos en este capítulo que resumiré de la siguiente manera:

1. Para los israelitas, Madián significaba opresión, yugo y esclavitud. Dios levantó un joven profeta que predicó el arrepentimiento y entonces llegó la liberación por manos de Gedeón.

2. En la época de Cristo, los israelitas también estaban bajo el yugo romano. Dios levantó a Juan el Baustista, quien también predicó el mensaje de arrepentimiento y enseguida vino Jesús a liberar al pueblo de su pecado.

3. Hoy día Satanás está tratando de influir en la vida de muchos cristianos, especialmente en los recién convertidos. Esta influencia no deja que el Cuerpo de Cristo se desarrolle como debe ser.

4. Antes del último gran avivamiento, Dios levantará un espíritu de profecía que trae el mismo mensaje de arrepentimiento que pregonaron los profetas anteriores.

5. Así como Jesús se sometió al bautismo de Juan antes de comenzar su ministerio de poder, nosotros debemos someternos totalmente al Espíritu de Dios para que Él pueda usarnos.

Estemos alertas. Ya se aproxima la manifestación suprema de la gloria de Dios y debemos seguir preparándonos.

5

Cosas mayores y cielos abiertos

Dios logrará la victoria final de la Iglesia en las naciones. De cómo lo lograría lo analizamos en el capítulo anterior. Esta batalla tendrá los mismos elementos de la victoria de Israel sobre Madián. La victoria comenzará en primer lugar cuando aparezca el espíritu de profecía y se oiga en toda la Iglesia la voz del mensaje de arrepentimiento.

Este mensaje es exclusivo para el pueblo de Dios, ya que hemos desobedecido al Señor al aprender a convivir con el mundo y sus costumbres. Para colmo, hemos permitido que muchas de esas costumbres se integren en la vida de la Iglesia. Entre ellas están, por ejemplo, la manera en que gobernamos democráticamente nuestras instituciones, la manera de adorar como entretenimiento, la consejería sicológica y los valores que usamos para juzgar el éxito de nuestras empresas.

Es por eso que nos harán sentir muy incómodos las voces proféticas que Dios está levantando dentro de la Iglesia. El mensaje de estos siervos y siervas se centralizará en el tema del arrepentimiento.

Ya vimos que ese era el mensaje de Juan el Bautista. Sin embargo, Juan no era lo importante, como en realidad no lo son los profetas. Lo importante es lo que viene después: los ungidos cuya llegada anuncian los profetas.

En el caso de Juan, el ungido que anunciaba era el Mesías. En el caso de los profetas de hoy, se anuncia al «Varón Perfecto».

Dios no levantará un hombre ni un ministerio que revolucionará la tierra. Está levantando a su Iglesia (su Varón Perfecto o su Cuerpo) para que manifieste su gloria en las naciones.

Además, la victoria seguirá cuando la Iglesia de Jesucristo se manifieste en el poder del Espíritu Santo y llene esta tierra del evangelio del Reino de Dios con señales y maravillas públicas.

Analicemos una vez más la vida de Juan el Bautista y considerémosla desde otros ángulos.

El sacerdote y el mensajero

El padre de Juan el Bautista, Zacarías, era un sacerdote reconocido y un ministro del antiguo pacto, que era la orden eclesiástica de la época. Era un buen hombre y un fiel obrero en el templo, pero tenía dificultades para oír la voz de Dios.

El Evangelio de Lucas nos narra que Zacarías entró un día al Lugar Santo del templo de Jerusalén para presentar la ofrenda de incienso:

> Conforme a la costumbre del sacerdocio, le tocó en suerte ofrecer el incienso, entrando en el santuario del Señor. Y toda la multitud del pueblo estaba fuera orando a la hora del incienso (Lucas 1.9-10).

La multitud que estaba fuera oraba a Dios para que aceptara la ofrenda. El pueblo tenía hambre de Dios y esperaba la ministración del sacerdote Zacarías.

> Y se le apareció un ángel del Señor puesto en pie a la derecha del altar del incienso. Y se turbó Zacarías al verle, y le sobrecogió el temor (Lucas 1.11-12).

El sacerdote que debía entrar a la presencia de Dios en lugar del pueblo, se turbó cuando Dios le envió un mensajero angelical para decirle que su oración había sido respondida.

Hoy día muchos hombres en posiciones de liderazgo han estado orando por un avivamiento durante años y cuando Dios comienza a responder, se turban porque los mensajeros son muy fuera de lo común, distintos a lo acostumbrado y a lo aceptado.

El ángel dio también a Zacarías la noticia de que su mujer le daría un hijo que tendría como misión ir delante de Dios «con el espíritu y el poder de Elías, para hacer volver los corazones de los padres a los hijos, y de los rebeldes a la prudencia de los justos, para preparar al Señor un pueblo bien dispuesto» (Lucas 1.17).

El llamado de Juan es el mismo de los profetas o anunciadores. Se trata de prepararle al Señor un pueblo bien dispuesto. Los profetas no son ni deben ser el foco de atención. La atracción es el ungido que llega cuando el pueblo está preparado. En el caso de Juan, quien debía manifestarse era el Varón Perfecto que Dios estaba preparando en Nazaret.

Ante el anuncio tan sorprendente, Zacarías de inmediato respondió al ángel:

> ¿En que conoceré esto? Porque yo soy viejo, y mi mujer es de edad avanzada (Lucas 1.18).

El sacerdote de la orden religiosa de ese día había estado orando por un hijo, pero cuando Dios le respondió con un mensaje de esperanza, reaccionó enfocándose en sus debilidades e incapacidades humanas. Cuántos hay que, aunque desean y piden un gran mover de Dios sobre las naciones, tiemblan ante la posibilidad de llenar la tierra con el evangelio de Cristo. Se excusan en que es difícil porque se necesitan muchos medios y mucho dinero.

La respuesta del ángel no se hizo esperar:

> Y ahora quedarás mudo y no podrás hablar, hasta el día en que esto se haga, por cuanto no

creíste mis palabras, las cuales se cumplirán a
su tiempo (Lucas 1.20).

Pero, ¿qué pasó con Zacarías después que tuvo esta
visión? El pueblo esperaba que el sacerdote entrara al
santuario, viera visiones y recibiera revelación de Dios.

Y el pueblo estaba esperando a Zacarías, y
se extrañaba de que él se demorase en el
santuario. Pero cuando salió, no les podía
hablar; y comprendieron que había visto
visión en el santuario. Él les hablaba por
señas, y permaneció mudo (Lucas 1.21-22).

Debido a que Zacarías se quedó mudo y solo hablaba
por señas, el pueblo se quedó con hambre porque el
mensaje ungido no podía salir de su boca.

Es triste que así como Zacarías, muchos incrédulos
terminarán como mudos espirituales porque no creen que
estos son días en que los cielos se están abriendo y
prefieren criticar, discutir y dudar. Están perdiendo su
habilidad de oír la voz de Dios y no podrán predicar su
Palabra con unción y autoridad.

Críticas para el profeta

Cuando Juan creció, no cometió el mismo error que
cometió su padre. No se quedó en el servicio del templo,
ya que no era un sacerdote de la orden eclesiástica reconocida y decidió no predicar en tal estructura.

Los religiosos de la orden no oían la voz de Dios. Eran
buenos obreros, mantenían el templo funcionando y los

sacrificios se ofrecían a tiempo y como la Ley mandaba. Pero en ellos no había espíritu, revelación, ni fe.

Por otro lado, Juan sí oía la voz de Dios. De modo que comenzó a hablar la Palabra de Dios y por eso salió a predicar al desierto. ¿A quiénes predicaba allí? A los que tenían oídos para oír. Muchos se quedaron dentro del sistema eclesiástico de Jerusalén, criticaron a Juan y lo llamaron fanático y místico. Pero sus corazones estaban llenos de miedo al oír acerca de este «nuevo mover» y nunca salieron al desierto para escuchar a Juan.

Sin embargo, el pueblo sí iba a las orillas del río Jordán para oír la voz de Dios a través de la boca del profeta. Algunos siguieron a Juan como discípulos y otros volvieron a Jerusalén sin ser transformados.

Juan no era perfecto como lo era el Hijo de Dios que aún no se había manifestado. Asimismo, este mover actual del Espíritu Santo en la tierra no es perfecto, solo anuncia que va a manifestarse el «Varón Perfecto» que Dios ha estado preparando en sumisión y paciencia.

Hagamos ahora un recuento que nos ayudará a comprender más al respecto. No podemos hablar del día en que se ha de manifestar el «varón perfecto», sin antes valorar lo que nos enseña la Biblia.

Recuento valioso

Juan vino antes que el Ungido de Dios. Pero, como vimos en el capítulo anterior, Él envía a los profetas antes de los ungidos. Este fue el caso del profeta que se levantó en Israel antes de que se levantara Gedeón. Una vez que el profeta anunció el mensaje de arrepentimiento, Dios ungió a Gedeón.

Lo mismo sucedió con Juan el Bautista. Después que predicó el mensaje de arrepentimiento, apareció el Hijo de Dios.

En el día de Madián, en el tiempo de los jueces, apareció Gedeón. En el día del Jordán, en el tiempo de Juan el Bautista, apareció Jesús de Nazaret. En nuestros días aparecerá el Cuerpo de Cristo como el «vencedor» que derrotará al opresor y levantará a un pueblo redimido para ser finalmente levantado en las nubes, con el propósito de estar con Jesús para siempre.

Usando como base lo estudiado anteriormente, comparemos ahora las características distintivas de los tiempos de Gedeón y Jesús con las del tiempo de los ungidos que Dios usará en el último y definitivo avivamiento:

Humildad. Gedeón era de Ofra, un pueblo llamado «polvo», y Jesús de Belén, la casa del pan, uno de los pueblos más humildes de Israel. Los ungidos que se usarán en este último avivamiento serán personas desconocidas que no buscarán gloria ni fama.

Protección. Gedeón protegió los alimentos que los madianitas robaban. Jesús protegió su vida del pecado, resistiendo las tentaciones del diablo. Los ungidos protegerán con celo la unción, la revelación y el llamado que han recibido.

Intercesión. Gedeón intercedió por su pueblo en arrepentimiento. Jesús intercedió por la humanidad dando su vida en la cruz. Los ungidos gemirán con dolor, llorarán e intercederán por los pecados de las naciones.

Ofrenda. Gedeón ofreció algo valioso. Jesús ofreció su propia vida. Los ungidos sacrificarán todo por la causa de las naciones sin escatimar sus propias vidas.

Testimonio. Gedeón empezó por su propia casa. Jesús vino a la orgullosa y rebelde casa de Israel. Los ungidos tendrán un testimonio digno en sus familias.

Confirmación. Gedeón confirmó su llamado. Jesús confirmó su llamado en la resurrección al tercer día. Los ungidos irán a las naciones con «evidencias» tangibles de que la gloria de Dios está con ellos.

Compañía. Gedeón encabezó un ejército probado de trescientos guerreros. Jesús eligió doce hombres probados que fundaron la Iglesia en la tierra. Los ungidos no trabajan solos sino en equipo, bajo el gobierno del Espíritu Santo.

Ya queda poco tiempo. Los cielos han comenzado a abrirse. Pero, recuerde, esto sucederá en el tiempo de Dios.

Cielos abiertos en el Jordán

Unos días después de su bautismo, Jesús decide ir a Galilea. Al pasar por el pueblo de Betsaida, se encontró con Felipe que le siguió. Felipe halló a Natanael y le contó que había hallado al Mesías prometido proveniente de Nazaret. Sabiendo por las profecías que el Mesías debía venir de Belén, Natanael cuestionó la validez de este Mesías. Felipe entonces lo llevó a ver a Jesús.

Cuando Jesús vio acercarse a Natanael, dijo de él:

—Aquí viene un verdadero israelita, en quien no hay nada falso.

—¿Cómo me conoces? —preguntó Natanael.

—Te vi cuando estabas aún debajo de la higuera, antes que Felipe te llamara —respondió Jesús.

—Rabí, tú eres el Hijo de Dios —declaró Natanael—; tú eres el Rey de Israel.

—Crees porque te dije que te vi debajo de la higuera. Verás cosas más grandes que estas. Les aseguro que ustedes verán el cielo abierto —añadió—, y a los ángeles de Dios que suben y bajan sobre el Hijo del Hombre. (Juan 1.47-50, *NVI*)

La visión de Jacob se estaba cumpliendo:

Y [Jacob] soñó: y he aquí una escalera que estaba apoyada en tierra, y su extremo tocaba en el cielo; y he aquí ángeles de Dios que subían y descendían por ella. Y he aquí, Jehová estaba en lo alto de ella ... Y despertó Jacob de su sueño ... Y tuvo miedo, y dijo: ¡Cuán terrible es este lugar! No es otra cosa que casa de Dios, y puerta del cielo ... Y llamó el nombre de aquel lugar Bet-el (Génesis 28.12,13,17,19).

Dios le mostró a Jacob una visión de su trono, de su gobierno. Jacob estaba escapando del propósito de Dios en su vida. Dios le abrió los cielos para que él reconociera que se tenía que someter a la voluntad de Dios. Jacob no se podía escapar del propósito de Dios para su vida. Por eso Jacob llamó a ese lugar Bet-el, casa de Dios. La casa de Dios, significa gobierno de Dios.

¿Cuál es la diferencia entre los cielos abiertos en la visión de Jacob y los del Jordán? En Bet-el, Jehová estaba en lo alto de la escalera. En el Jordán, Jesús estaba en la tierra.

La casa de Dios había descendido. El reino de Dios se había manifestado. Dios había descendido en Cristo para revelarse al hombre. La gloria de Dios se estaba manifestando en la luz de la faz de Jesucristo. El poder, la majestad, la gracia, la misericordia, la justicia, la sabiduría y las riquezas del cielo se estaban manifestando por primera vez en la tierra en un hombre: en Jesús, el Hijo de Dios. Él revelaría a los hombres el corazón, la vida y el poder de Dios. Por eso, desde ese momento, Jesucristo comenzó a predicar el evangelio del Reino.

El evangelio del Reino no es simplemente el plan de Dios para salvar al hombre del infierno. Este es solo uno de los beneficios. El evangelio del Reino es el establecimiento de la casa de Dios en la tierra. En otras palabras, Dios quiere establecer en nuestra vida su orden para que toda la creación, todo hombre y toda mujer cumpla con el propósito divino para el cual fue creado.

Los cielos se abrieron y el Reino de Dios descendió con

todos sus medios para habitar entre nosotros en la tierra. Desde ese momento Jesús caminó en este planeta por tres años y medio con *cielos abiertos*. Y, precisamente, la Biblia da fe de este acontecimiento.

Testimonios de cielos abiertos

Un día, Jesús y sus discípulos se dirigieron por mar a la tierra de los gadarenos. Al bajar de la barca, un hombre le salió al encuentro, se postró a sus pies y exclamó a gritos: «¿Qué tienes conmigo, Jesús, Hijo del Dios Altísimo?» (Lucas 8.28).

Algunos de nosotros hubiéramos pensado que este hombre era un devoto de Cristo. Pero Jesús caminaba con cielos abiertos y el discernimiento del cielo estaba a su disposición constantemente. Por ese discernimiento supo que el hombre estaba endemoniado, utilizó la autoridad del cielo para reprender a los demonios y liberó al hombre.

La Biblia dice que Jesús «no tenía necesidad de que nadie le diese testimonio del hombre, pues Él sabía lo que había en el hombre» (Juan 2.25).

Los hombres no podían esconder sus pensamientos ante Jesús. Por ejemplo, en cierta ocasión supo el pensamiento de Simón el fariseo y discernió en él un espíritu religioso (véase Lucas 7.36-47). En otra ocasión reprendió a los fariseos que en secreto se preguntaban con qué autoridad perdonaba pecados (véase Marcos 2.8).

Para Jesús no había nada escondido porque los cielos estaban abiertos sobre Él. Jesús no perdió una sola batalla con Satanás. No existía suficiente poder demoníaco para derrotarlo. No había enfermedad incurable para el Maestro. La naturaleza se sometía al Hijo de Dios. No había viento ni tempestad que pudiera detenerlo, un pescado le brindó el dinero para pagar los impuestos y la higuera se secó a su mandato.

Al saber todo esto, sale de mi corazón una alabanza de gratitud a Dios por enviar a Jesús. Sin embargo, sabemos que Jesús era una Señal. Estaba haciendo todo esto para señalar al varón perfecto que vendría después de Él: su Iglesia. Prometió que su Cuerpo vería cosas mayores y que vería el cielo abierto (véase Juan 1.50-51).

La pregunta es: ¿Cómo se pueden ver cosas mayores y cielo abierto? Volvamos al momento en que Jesús discernió el corazón de Natanael y lo describió como «un verdadero israelita, en quien no hay nada falso» (Juan 1.47).

Recordemos que Jacob fue el que recibió la primera visión de cielos abiertos. Una de las características principales de este hombre era el engaño, no era un hombre íntegro. Es más, su nombre significa *engaño* y su vida se caracterizó por el engaño.

Jacob engañó a su hermano Esaú y le quitó la primogenitura. Más tarde engañó a su padre Isaac para que lo bendijera. Antes de su transformación, engañó a su suegro Labán. Sin embargo, después de un encuentro con Dios, su nombre se le cambió a Israel.

Teniendo esto en cuenta podemos ver con claridad el mensaje de Jesús a Natanael. Dijo que para ver los cielos abiertos no podía haber «engaño» (el espíritu mismo de Jacob), sino un espíritu quebrantado, probado, humillado y moldeado.

Por tanto, es muy significativo descubrir las cualidades de quien puede ver los cielos abiertos y disfrutarlos.

¿Para quiénes son los cielos abiertos?

A este interrogante podríamos añadirle otro más: ¿Quiénes caminarán con cielos abiertos? Los que se sometan a los mismos pasos que se sometió Jesús:

- ◆ Se humilló hasta lo sumo haciéndose carne.
- ◆ Se sometió a sus padres terrenales.
- ◆ Creció y recibió instrucción en la Palabra de Dios
- ◆ Volvió a trabajar como carpintero, aunque era más sabio que los doctores de la Ley.
- ◆ Esperó el día del Jordán, sometiéndose al calendario de su Padre celestial para su manifestación.
- ◆ Caminó totalmente con cielos abiertos, dependiendo de los recursos del cielo, del poder del Espíritu Santo y de la voluntad de su Padre.

La promesa de ver «el cielo abierto» es para quien haya pasado por el proceso de renovación. Es decir, que haya dejado su corazón engañoso para convertirse en verdadero israelita o en hijo de la promesa.

Ahora, es necesario que comprendamos que los cielos no solo se abrieron mientras Jesús estuvo en la tierra. Pasó después de su ascensión a los cielos y puede pasar también en el día de hoy.

Como en el día de Pentecostés

En estos últimos días, Dios está levantando un gran ejército de creyentes que harán grandes conquistas para el Reino de Dios al destruir el dominio satánico en millones de almas perdidas. Está levantando su «Bet-el», que es el varón perfecto que hará cosas mayores.

Sé que esto está a punto de suceder porque Dios está levantando el espíritu de profecía que anuncia la preparación de la manifestación gloriosa de Dios en la Iglesia.

El espíritu de profecía de hoy está anunciando la aparición de una Iglesia poderosa que hará cosas mayores. Jesús dio instrucciones a sus discípulos de quedarse en Jerusalén hasta que la promesa del Padre llegara sobre ellos. Poco después, en el día de Pentecostés, los ciento veinte fueron llenos del Espíritu Santo. Los cielos se abrieron en aquel aposento alto.

El Espíritu Santo descendió sobre Jesús como una paloma, y sobre los ciento veinte como lenguas de fuego sobre sus cabezas. Los cielos estaban abiertos cuando ellos salieron a la calle para hablar con una multitud de judíos de diferentes partes del mundo. Entonces Pedro predicó y se convirtieron tres mil.

La Iglesia primitiva bajo cielos abiertos

La Iglesia primitiva vivía bajo continuos cielos abiertos. Los milagros eran comunes y todos compartían sus bienes. No había engaño.

Dios quiso enseñar una lección acerca de la seriedad de los cielos abiertos. La primera pareja que llegó con engaño murió. Se llamaban Ananías y Safira.

La Iglesia se multiplicaba diariamente. A Esteban lo apedrearon bajo cielos abiertos, mientras Saulo de Tarso cuidaba la ropa de los que lo apedreaban. Más tarde el mismo Saulo fue llamado para ser un apóstol a las naciones gentiles. Cuando hay cielos abiertos, los peores enemigos se transforman en los mejores amigos del evangelio.

El apóstol Pablo ministraba constantemente bajo cielos abiertos. Aunque se encontrara en una prisión, en un barco a punto de naufragar, en una isla desierta o en una cárcel romana, los ángeles subían y descendían del cielo protegiéndolo, proveyéndole y socorriéndolo.

El apóstol Juan fue desterrado a la Isla de Patmos. Los romanos abandonaban a los condenados en esa isla para que murieran. Al llegar Juan, los cielos se abrieron en la isla. Mientras estuvo allí, Dios le reveló todo lo que sucedería en la tierra y en el cielo.

Estos hombres pasaron por el proceso de Dios. Llegaron a un momento en sus vidas en que los cielos se abrieron y caminaron así hasta el final. Fueron imitadores de Cristo.

¿Y nosotros?

Cielos abiertos en la actualidad

¡Los cielos se están abriendo sobre nuestro continente! Estamos experimentando gran crecimiento en nuestras iglesias, pero eso no es todo lo que Dios hará. El crecimiento es solo un anuncio de que viene más. También estamos experimentando la manifestación de lo sobrenatural en nuestras iglesias, pero tampoco eso es todo lo que Dios hará. Los milagros son «señales» que apuntan a otras cosas mayores.

Veremos entonces al Varón Perfecto manifestar la vida de Cristo en la tierra. En los cielos abiertos el poder y la autoridad de Dios sube al cielo y desciende a la tierra. No sube y baja por una escalera como vio Jacob. Sube y baja en la persona de Cristo. Sube y baja en la Iglesia de Cristo.

¡Los cielos se están abriendo sobre nuestro continente!

A través de la historia hemos visto manifestaciones esporádicas de la gloria de Dios en distintas épocas y en diferentes partes del mundo. La Iglesia universal de Cristo ha experimentado manifestaciones poderosas de avivamientos en que los cielos se han abierto sobre comunidades de creyentes que se han sometido al proceso de Dios.

Pero estos avivamientos han durado poco tiempo y no se han mantenido a través de los años. Todos los avivamientos del pasado tienen fechas de inicio y de fin porque han comenzado y terminado. Este último gran avivamiento no tendrá fecha final porque no terminará sino que comenzará y nos guiará directamente a la culminación de la historia de la Iglesia: el Arrebatamiento de los santos.

En los próximos días veremos, al mismo tiempo y en todas las naciones de la tierra, la manifestación de la vida de Cristo a través de la Iglesia. Esta Iglesia caminará constantemente en lo sobrenatural y no la detendrán las distancias, la falta de medios, ni los imposibles. Los principados, las potestades y las fuerzas del infierno no podrán resistir esta última gran manifestación de la gloria de Dios en la Iglesia.

Literalmente, los gobiernos, los potentados y los sabios de esta tierra quedarán asombrados y no podrán oponerse. Jesús será glorificado y exaltado, será la cabeza de la Iglesia y la dirigirá con absoluta autoridad. Él será el todo en ella y tendrá el total gobierno de sus asuntos.

En esencia

En este capítulo analizamos lo siguiente:

1. Juan el Bautista oyó la voz de Dios y cumplió con su llamado.
2. Jesús vivió en la tierra con cielos abiertos.
3. En la iglesia primitiva se vieron las manifestaciones de los cielos abiertos.
4. Hoy día los cielos están a punto de abrirse para la manifestación definitiva de la gloria de Dios.

Ha llegado el momento de descorrer el velo y ver el plan de Dios para su Iglesia.

6

El velo

¡Qué glorioso es el plan divino para la vida de la Iglesia! Sí, todas estas promesas de cielos abiertos son para el Cuerpo de Cristo. Todo lo que Dios hizo en Cristo fue «señal» para nosotros. Los milagros, las manifestaciones y las verdades que obró estaban señalando a un cuerpo de hombres y mujeres que no solo harían lo mismo, sino que harían cosas aun mayores.

A partir de la experiencia del río Jordán los cielos se abrieron sobre la vida de Jesús. En ese día el Espíritu Santo descendió sobre Jesús y permaneció sobre Él, y el Padre habló y le declaró a su Hijo que estaba complacido.

Antes de ese día, Jesús no se había enfrentado con Satanás ni con sus demonios. Tampoco había hecho milagros ni sanidades. Tan solo estaba esperando la voluntad de su Padre. Cuando llegó el día del Jordán, el Espíritu Santo descendió sobre Jesús e hizo morada en Él.

El Espíritu Santo tomó control absoluto del ministerio de Jesús para cumplir la voluntad y los planes redentores del Padre. Estas declaraciones parecen conflictivas con la naturaleza divina de Jesús, quien es Dios mismo, según lo dice Juan:

> En el principio era el Verbo, y el Verbo era con Dios, y el Verbo era Dios. Aquel Verbo fue hecho carne, y habitó entre nosotros (y vimos su gloria, gloria como del unigénito del Padre), lleno de gloria y de verdad (Juan 1.1,14).

Ante estas declaraciones es necesario que analicemos una serie de interrogantes y que las respondamos a la luz de la Palabra de Dios.

Primer interrogante

¿Cómo es posible que Jesús, Dios en la carne, viviera sus primeros treinta años esperando recibir la plenitud del Espíritu Santo para cumplir con la voluntad de su Padre? Si Él era Dios, ¿por qué necesitaba ser lleno del poder del Espíritu Santo?

El apóstol Pablo nos da la respuesta:

> Haya, pues, en vosotros este sentir que hubo también en Cristo Jesús, el cual, siendo en forma de Dios, no estimó el ser igual a Dios como cosa a que aferrarse, sino que se despojó a sí mismo, tomando forma de siervo, hecho

> semejante a los hombres; y estando en la
> condición de hombre, se humilló a sí mismo,
> haciéndose obediente hasta la muerte, y
> muerte de cruz (Filipenses 2.6-8).

Antes de su encarnación, Jesús existía en la forma de Dios. Entre otras cosas, la palabra *forma* significa «principio activo y esencial de los cuerpos». Por tanto, en Jesús, su esencia es divina. Puesto que era Dios, Pablo dice de Él que al existir en su esencia divina no consideraba ser igual a Dios como algo a que aferrarse.

El Padre no fue quien despojó a Jesús en su encarnación. El Señor mismo se despojó de manera «voluntaria». Como Dios, Jesús no cambió su *naturaleza* ni *forma* divina, sino que se despojó de ella.

La palabra *despojar* significa «privar a alguien de lo que goza y tiene; desposeerle de ello con violencia; quitar a una cosa lo que le acompaña, cubre o completa; desposeerse de una cosa voluntariamente». Mire cómo Pablo usa la misma idea en otros pasajes:

> Porque si los que son de la ley son los
> herederos, vana resulta la fe, y anulada la
> promesa (Romanos 4.14).

Pablo dice que si los salvos, o sea los que han creído en Jesús por fe, todavía insisten en confiar en la justicia que viene al obedecer la Ley de Moisés, «su fe» en Cristo se *anula* (queda *despojada*). La fe en Cristo no desaparece, simplemente queda sin efecto en la vida del hombre.

> Pues no me envió Cristo a bautizar, sino a
> predicar el evangelio; no con sabiduría de
> palabras, para que no se haga vana la cruz de
> Cristo (1 Corintios 1.17).

Pablo dice que si solo bautizara a la gente o si discutiera con sabiduría de palabras y no predicara las buenas nuevas, estaría despojando a la cruz de Cristo de su efecto en la vida de los oyentes. El poder del mensaje de la cruz no desaparece sino que queda sin efecto en la vida de los que reciben la predicación.

¿Está ahora claro el significado del verbo «despojar»?

Jesús, siendo Dios y teniendo todos los atributos de Dios, hizo inoperante su poder divino. Por eso, para hacer la voluntad del Padre y vivir de manera santa y perfecta en público (enfrentándose a Satanás, al mundo y finalmente a la muerte) tenía que ser lleno del Espíritu Santo.

Un interrogante nos lleva a otro. Veamos que la Biblia es eficaz para descartar nuestras dudas.

Segundo interrogante

¿Por qué Dios se encarnó en Jesús? ¿Por qué Jesús tomó forma de siervo, haciéndose semejante a los hombres? ¿Por qué hallándose en condición de hombre, se humilló a sí mismo hasta la muerte de cruz?

El autor de Hebreos nos lo explica de la siguiente manera:

> Pero vemos a aquel que fue hecho un poco
> menor que los ángeles, a Jesús, coronado de

gloria y honra, a causa del padecimiento de la muerte, para que por la gracia de Dios gustase la muerte por todos. Porque convenía a aquel por cuya causa son todas las cosas, y por quien todas las cosas subsisten, que habiendo de llevar muchos hijos a la gloria, perfeccionase por aflicciones al autor de la salvación de ellos … Así que, por cuanto los hijos participaron de carne y sangre, Él también participó de lo mismo, para destruir por medio de la muerte al que tenía el imperio de la muerte, esto es, al diablo, y librar a todos los que por el temor de la muerte estaban durante toda la vida sujetos a servidumbre (Hebreos 2.9-10,14-15).

Dios se encarnó en Jesús para padecer y finalmente «gustar» o experimentar la muerte en representación de nosotros. Y Jesús tomó forma de siervo cuando se desposeyó voluntariamente de su naturaleza divina.

Otra vez aquí la palabra *siervo* tiene la connotación de «principio activo y esencial». Jesús se hizo siervo en total esencia. ¿Qué es un siervo? En el pasaje de Filipenses Pablo usa la palabra «esclavo», que entre otras cosas describe a una persona que rinde su propia voluntad para obedecer la voluntad de otro. Un esclavo es un devoto a los propósitos de otro sin considerar sus propios intereses.

La complacencia del Padre

Jesús se hizo un esclavo absoluto de los propósitos del Padre sin depender de su propia fuerza, autoridad ni influencia. Siempre estuvo sujeto a los designios del Padre. Desde el mismo principio se ve esta disposición. Es el Espíritu Santo el que realiza la concepción.

La preparación de Jesús se ve a través de sus primeros años en la tierra: protegido por ángeles sobrevive al ataque homicida del satánico Herodes. Crece en fortaleza, sabiduría y gracia. Se somete a sus padres terrenales. Y espera el momento del Espíritu para ir al Jordán.

Sin embargo, Él debía depender de alguien para cumplir como un siervo con los propósitos de su Padre. Alguien lo debería fortalecer, guiar, aconsejar y proteger. Entonces se dispone a marchar hacia el Jordán.

En el río Jordán Jesús recibió la plenitud del Espíritu Santo para poder cumplir con el «placer» o «deleite» del Padre, que se regocijó al ver a su Hijo rendido a su voluntad, entregado a sus propósitos de redención y a la persona del Espíritu Santo. Por esas razones, el Padre no puede evitar el contentamiento de su corazón. Su Hijo Jesús, el Amado, lo estaba complaciendo.

En su experiencia del Jordán nació a una nueva vida en el Espíritu Santo. Ahora estaba listo para cumplir con todo el propósito de su Padre. ¡Su hora había llegado! Ahora caminaría, hablaría y ministraría en el poder de la promesa del Padre: el Espíritu Santo.

En ese momento crucial los cielos se abrieron. La gloriosa llenura del Espíritu Santo en la vida de Jesucristo y el placer (la total complacencia del Padre) se manifestaron visiblemente con cielos abiertos.

Desde ese día Jesús vivió con cielos abiertos. En el capítulo anterior hablé de los milagros, las victorias y la autoridad de Cristo con cielos abiertos. Pero también dije que todo lo que Jesús vivió e hizo fue para darnos ejemplo. Por lo tanto, todo lo que le sucedió a Él debe también suceder en nuestras vidas.

¿Esto es una realidad en nosotros? Cabe ahora que hagamos un análisis importante.

Tercer interrogante

De todo lo anterior se desprenden estas preguntas que debemos hacérnoslas ahora mismo: ¿Hemos sido llenos del Espíritu Santo de la misma manera en que lo fue Jesús? Para ser lleno, Jesús se *despojó* de sus atributos y se rindió a los intereses de su Padre. ¿Somos hoy día siervos de los intereses del Reino de Dios? El Padre se sintió complacido cuando Jesús se sometió. ¿Estará Él complacido con nuestro servicio? ¿Se han abierto los cielos sobre nuestra vida y estamos viendo las mismas manifestaciones en nuestro diario caminar?

Si somos sinceros, debemos confesar que fallamos en la mayoría de estas esferas. ¡Hasta es posible que en algunas preguntas la respuesta sea no! ¿Cuál es el problema? ¿Por qué no estamos experimentando cielos abiertos sobre nuestras vidas? Este es uno de los más importantes propósitos de este libro.

A veces lo que sucede es que no andamos como es debido y no presentamos nuestras credenciales al mundo.

Las cartas

El apóstol Pablo nos lo dice de esta forma:

> ¿Comenzamos otra vez a recomendarnos a
> nosotros mismos? ¿O tenemos necesidad,
> como algunos, de cartas de recomendación
> para vosotros, o de recomendación de
> vosotros? Nuestras cartas sois vosotros,
> escritas en nuestros corazones, conocidas y
> leídas por todos los hombres; siendo
> manifiesto que sois carta de Cristo, expedida
> por nosotros, escrita no con tinta sino con el
> Espíritu del Dios vivo; no en tablas de piedra,
> sino en tablas de carne del corazón (2
> Corintios 3.1-3).

El apóstol Pablo habla aquí de un importante asunto: ¿Cómo se presenta un cristiano al mundo? ¿Qué lo hace diferente ante los ojos de otros? Pablo no quiere presentarse con cartas de recomendación ni necesita que ningún ser humano haga una lista de sus habilidades, talentos y logros. Algunas personas en la iglesia de Corinto habían cuestionado la autoridad apostólica de Pablo y posiblemente le habían pedido cartas de recomendación.

Pablo establece que un verdadero cristiano *es* en sí mismo una carta o epístola. Una *carta* es un medio de comunicación entre dos personas. Cuando alguien desea comunicarse con otra persona con el propósito de enviarle un mensaje, simplemente le envía una carta. Por consiguiente, debemos tener en cuenta lo siguiente:

1. *Cada cristiano es una carta*. Pablo dice que somos cartas de Cristo (2 Corintios 3.3). El origen de esta comunicación es Jesús. Él es quien desea comunicarse porque tiene un mensaje para presentar en estas cartas.

2. *Cada cristiano es una carta de Cristo*. Nosotros somos esas cartas que están escritas en nuestros corazones. Cristo desea comunicar un mensaje a todos los hombres a través de cada cristiano.

3. *Cada creyente es una carta de Cristo a todos los hombres*. También el apóstol dice que estas cartas de Cristo son para que sean «*conocidas* y *leídas* por todos los hombres» (2 Corintios 3.2). Los destinatarios son todos los hombres y es obvio que deben leerla todos los hombres. El verbo *conocer* significa «entender, advertir, saber, percibir, tener trato y comunicación con algunos», etc.

4. *Cada cristiano es una carta de Cristo que todos los hombres deben leer y comprender*. Pablo quiere decir que cuando los hombres entren en contacto con cada creyente, no solo deben leer el mensaje que Cristo les está enviando, sino que deben percibirlo y comprenderlo. Los que leen la carta de Cristo en nuestros corazones quedarán interesados e impactados.

5. *Cada cristiano es una carta de Cristo, escrita por el Espíritu Santo, que convencerá al que la lee*. En este pasaje también leemos que el mensaje que Cristo está enviando a todos los hombres lo escribe mediante el Espíritu del Dios vivo. Esto significa que el mensaje o comunicación tiene vida. Lo que Cristo desea comunicar a

todos los hombres no es una doctrina ni una religión. Quiere comunicar vida. Este mensaje es activo, dinámico y efectivo. Por eso debe influir en los que tienen contacto con este mensaje.

Al decir que este mensaje viene de Cristo y que está escrito con el poder del Espíritu Santo, no necesariamente nos referimos a los milagros o maravillas. El Espíritu Santo es poderoso porque puede convencer de pecado al mundo y a los cristianos. Su poder más glorioso es el de convencer que Jesucristo es el único camino, la única verdad y la única vida.

6. *Esta carta de Cristo está impresa en nuestros débiles e imperfectos corazones.* Pablo termina diciendo que esta carta no está escrita en tablas de piedras como la Ley de Moisés, sino «en tablas de carne del corazón». El mensaje del eterno Hijo de Dios, que está escrito por el Espíritu Santo del Dios vivo, está impreso en corazones de carne.

Un verdadero cristiano *es* en sí mismo una carta o epístola.

Cuando la Biblia habla de «carne», se refiere a la humanidad o a la imperfección del hombre. De modo que el mensaje más poderoso, que puede transformar a un ser humano con solo escucharlo, está depositado en corazones débiles e imperfectos. Esta es una especialidad de Dios. Él se deleita en glorificarse a través de nuestras debilidades.

En resumen, Pablo dice que cada cristiano posee en su corazón una comunicación de Cristo, que deben leerla y comprenderla todos los hombres. Que este mensaje no es ordinario ni común. Está escrito con el poder persuasivo del Espíritu Santo, que ha venido a convencer al mundo de pecado. Y, finalmente, esta comunicación está escrita en nuestros corazones imperfectos.

Sin embargo, el asunto clave es dilucidar si en realidad nuestras vidas son cartas vivientes.

¡He aquí un problema!

Si esto es cierto que tenemos grabado en nuestros corazones el mensaje de Cristo, tendríamos que estar continuamente viendo en la vida cotidiana de cada uno de los cristianos, a cientos de personas aceptar a Jesucristo. ¿Sucede así en la realidad? Si somos sinceros, ¡debemos decir que no!

Ante el porqué de esta situación, Pablo nos dice:

> Y tal confianza tenemos mediante Cristo para con Dios; no que seamos competentes por nosotros mismos para pensar algo como de nosotros mismos, sino que nuestra competencia proviene de Dios (2 Corintios 3.4-5).

Pablo se siente muy confiado de que esto no sea simplemente un sueño ni un deseo que cada cristiano debe tener. Estas palabras deben ser una realidad en la que está «confiado» y seguro.

El apóstol agrega que Dios «asimismo nos hizo ministros competentes de un nuevo pacto, no de la letra, sino del

espíritu; porque la letra mata mas el espíritu vivifica»
(v. 6).

Pablo no solo está confiado, sino que asegura que Dios
nos ha hecho ministros de esta comunicación de Cristo
escrita en nuestros corazones. La palabra *ministrar* significa «servir o ejercer un oficio, empleo o ministerio; dar,
suministrar a uno una cosa». Esta palabra define las
funciones de un camarero o de un mozo en un restaurante.
Por consiguiente, el cristiano es un camarero que en vez
de servir comida, sirve un mensaje: la poderosa carta de
Cristo a todos los hombres.

Por consiguiente, tenemos que tener bien claro si nos
comportamos o no como verdaderos ministros de Cristo.

¿Estamos los cristianos cumpliendo con el ministerio
que Dios nos encomendó? ¡No! ¿Qué nos impide llevar a
cabo este ministerio en la vida de cada uno de nosotros?

La analogía con Moisés

Pablo da respuesta a estas preguntas en los versículos
siguientes de este capítulo. Para establecer una base,
presenta el relato de Moisés cuando Dios le ordenó que
subiera al monte Sinaí para obtener instrucciones divinas
y recibir la Ley.

El pueblo de Israel acababa de salir de Egipto, después
de cuatrocientos años de esclavitud. Por lo tanto, los israelitas no sabían gobernarse. Dios sabía que, a menos de que
recibiera leyes, el pueblo judío moriría en el desierto,
rumbo a la tierra prometida. Si el pueblo judío desapa-
recía, Dios entonces no podía traer redención a través de
Jesús, descendiente de Judá, una de las tribus de Israel.

Así que durante cuarenta días Moisés permaneció en la presencia de Dios recibiendo «la Ley». Es decir, instrucciones morales, rituales y dietéticas para que el pueblo sobreviviera el viaje por el desierto.

La Ley de Moisés contenía revelaciones eternas como el nombre de Dios, aspectos de su carácter e instrucciones para su adoración y servicio. Pero lo más importante de la Ley era que daba indicaciones, revelaciones e instrucciones acerca del plan de salvación de Dios para con el hombre a través del Mesías, que sería el Redentor. Ese Mesías sería un judío que nacería de una virgen en Belén y tendría una muerte horrible. Lo pondrían en una tumba con los ricos y resucitaría como Señor y Rey de toda la creación.

La primera vez que la reveló, Dios mismo escribió esta Ley en tablas de piedra y Moisés las rompió en una explosión de ira cuando vio a todo el pueblo de Israel adorando a un ídolo de su propia creación. Entonces Dios mandó a Moisés subir de nuevo al mismo monte y esta vez le dictó la Ley, que él escribió en unas tablas que había preparado.

Cuando Moisés bajó del monte, había sucedido algo maravilloso, fuera de lo común. ¿Qué mensaje llevaba grabado que el pueblo no quiso ver?

El velo que no deja ver

La Biblia dice que cuando Moisés descendió del monte su rostro brillaba por haber estado en la presencia de Dios. Los israelitas no podían resistir la gloria que se veía en el rostro de su líder. Por lo tanto, le pusieron un velo. Este

velo no permitía que se viera la gloria en el rostro de
Moisés.

El apóstol Pablo lo narra así:

> Y no como Moisés, que ponía un velo sobre
> su rostro, para que los hijos de Israel no fijaran
> la vista en el fin de aquello que había de ser
> abolido. Pero el entendimiento de ellos se
> embotó; porque hasta el día de hoy, cuando
> leen el antiguo pacto, les queda el mismo velo
> no descubierto, el cual por Cristo es quitado (2
> Corintios 3.13-14).

Pablo explica que los judíos no solo no podían ver la
gloria de Dios en el rostro de Moisés debido al velo, sino
que todavía tienen ese mismo velo cuando leen la Ley de
Moisés y no pueden ver la gloria de Dios en Jesucristo.
¡Que triste! Jesús vino a los suyos y los suyos no lo reconocieron. Los judíos tenían un velo que cubría sus corazones
y no les permitía entender lo que Dios les había dado en la
Ley.

El velo de los judíos

El velo de los judíos era la Ley de Moisés. Su creencia
era que podían agradar a Dios si cumplían con todos los
requisitos y todos los detalles rituales, morales y dieté-
ticos. Se escandalizaron y no creyeron cuando Jesús les
dijo que Dios solo se agradaba si ellos creían en Él. Esa
obstinación religiosa era su velo.

Cuando vino Jesús y la gloria de Dios brilló en su
rostro, los judíos no la vieron porque estaban demasiado

ocupados tratando de agradar a Dios al seguir la «letra» de la Ley Mosaica. No adoraban otros dioses, ni pecaban de manera abierta. Por el contrario, oraban tres veces al día, ofrendaban, leían todos los días los rollos de la Ley, adoraban a Dios en el templo, vestían con decoro y se abstenían de inmoralidades. ¡Eran excelentes religiosos! Pero no podían creer en el Mesías que ellos mismos estaban esperando con desesperación. Su entendimiento estaba embotado.

¿Sabía que nosotros también podemos tener un velo sobre la carta que está escrita en nuestros corazones?

El velo de los cristianos

Los judíos no podían entender lo que Moisés escribió en las tablas de piedra. Nosotros tampoco entendemos lo que Cristo está comunicándole al mundo entero a través de la carta que el Espíritu Santo está escribiendo en nuestros corazones. Nosotros también hemos puesto un velo encima de la carta de Cristo en nuestros corazones. Por eso el mundo no se convence cuando nos ve o cuando nos conoce.

Nuestras obras son definitivamente el velo de los cristianos, que no permite que los cielos se abran sobre nuestras vidas y sobre nuestras iglesias. Oramos, servimos a Dios y cumplimos por obligación con sus demandas. Cuando después de años de práctica y sacrificio llegamos a disciplinarnos, creemos que estamos agradando a Dios y nos volvemos orgullosos.

Esta actitud nos lleva al estancamiento y a la rutina.

Cuando el mundo ve esta clase de cristianos, no quiere saber nada de Cristo.

Cuando continuamente tratamos de producir buenas obras, aunque sean prescritas por la Biblia, lo hacemos en nuestras fuerzas y no dependemos del Espíritu Santo.

¡Cuántas personas se sacrifican todos los días, orando muchas horas y olvidando el sueño y el cansancio! ¡No hay gloria en eso! Si está cansado, descanse y duerma. Ore cuando esté descansado y le pueda dar total atención a la voz del Espíritu.

También muchas veces la música, los estilos de adoración, los líderes de la adoración y nuestras emociones, ansiedades y posiciones intelectuales pueden ser velos que tapan la verdadera adoración. He visto cómo la personalidad de ciertos individuos es un velo y en base a ella se portan secos, duros, fuertes de carácter, emotivos, etc. Nuestras tradiciones religiosas y eclesiásticas son también un velo.

El Espíritu Santo desea intervenir en nuestras vidas y en nuestras iglesias, pero no sabemos discernir su voluntad debido a ciertas tradiciones. Lo más triste es que estamos cubriendo con velos, que nosotros mismos hemos creado, a la poderosa carta de Cristo que está escrita en nuestros corazones, para que todos los hombres la lean y experimenten la gloria de Jesús.

¿Cuál es la solución?

Pablo sigue respondiendo nuestros interrogantes: Pero cuando se conviertan al

> Señor, el velo se quitará. Porque el Señor es el
> Espíritu; y donde está el Espíritu del Señor,
> allí hay libertad (2 Corintios 3.16).

La palabra *convertir* significa «mudar o cambiar una cosa en otra, transformar, volver, mudar de vida», etc. Este pasaje dice que los que tienen el velo y no pueden ver la gloria de Cristo, necesitan dar un giro y mirar al «Señor».

Pablo no se refiere aquí a Cristo. Define claramente que es al Espíritu del Señor al que se debe contemplar.

Nuestras tradiciones religiosas y eclesiásticas son también un velo.

Así que debemos dar un giro y dirigirnos al Espíritu Santo, quien también es el Señor y es el único que nos revela la luz y la gloria de la carta que Cristo ha puesto en nuestros corazones. Por eso, el Espíritu Santo es el que la está escribiendo.

Girar hacia el Espíritu Santo

¿Qué significa girar hacia el Espíritu Santo? Jesucristo nos enseñó que debió *despojarse* de sus atributos y privilegios divinos, y hacerse siervo, para que el Espíritu Santo lo llenara, ungiera y guiara. De igual modo, nosotros debemos despojarnos de nuestras fuerzas humanas, conocimientos, rutinas aprendidas, manipulaciones espirituales, ideas preconcebidas y hasta de nuestro deseo de agradar a Dios. Debemos llegar hasta el punto de entender por completo que nada podemos hacer para complacer a Dios. Nuestras mejores obras son trapos de inmundicia.

Por consiguiente, debemos entender que nuestras obras no son la solución. ¿Qué nos queda entonces? Nos queda el rendimiento, la humillación total y el reconocimiento de nuestra total incapacidad de cumplir con las demandas de Dios. Somos totalmente incompetentes. Si piensa que sabe orar, adorar y alabar a Dios; o que sabe testificar y trabajar en la obra de Dios, deténgase, gire y conviértase al Espíritu Santo, porque tiene un velo en su corazón.

> Por tanto, nosotros todos, mirando a cara descubierta como en un espejo la gloria del Señor, somos transformados de gloria en gloria en la misma imagen, como por el Espíritu del Señor (2 Corintios 3.18).

Si reconocemos nuestra total incompetencia para orar, adorar, agradar y servir a Dios, y dependemos del Espíritu Santo, miraremos la gloria del Señor a cara descubierta. No habrá más velo y tendremos cielos abiertos.

Si desde la mañana caminamos en dependencia del Espíritu en nuestros trabajos diarios, en nuestras relaciones familiares y en nuestras luchas privadas, veremos la manifestación de la gloria de Cristo que ya está en nuestros corazones. Es muy probable que esta gloria la opaque el velo de nuestra competencia cristiana religiosa.

La Palabra de Dios promete que hay libertad donde el Espíritu es Señor. Una vez alcanzada esa libertad, ya no lucharemos más contra la carne, ni las tentaciones, ni el mundo. Ahora el Espíritu es Señor porque hemos girado hacia Él en una total dependencia.

Cuando giramos hacia el Espíritu Santo, Él se enseñorea de nuestra vida del mismo modo que se enseñoreó de la vida de Jesús y lo impulsó a tener un ministerio de total victoria y poder. Esto agradó al Padre y lo llenó de complacencia hacia Jesús.

Llenar de complacencia al Padre

Complacer al Padre es oír la voz de Dios y obedecerlo. Adán y Eva oían la voz de Dios al aire del día. El aire del día era el Espíritu Santo. Jesucristo oía la voz de su Padre sometiéndose al Espíritu Santo. Nosotros complacemos a nuestro Padre dependiendo del Espíritu Santo.

Dios promete que hay libertad donde el Espíritu es Señor.

Cuando Dios creó a Adán y Eva, los puso en el huerto del Edén. La palabra *Edén* significa «lugar muy ameno y placentero». Por lo tanto, Él puso al hombre en el huerto de su placer. Adán y Eva vivían bajo cielos abiertos y escuchaban la voz de «Dios que se paseaba en el huerto, al aire del día» (Génesis 3.8). Esta expresión significa en el hebreo que Dios les hablaba «en el viento del día». Es decir, constantemente, porque así sopla el viento en el día. No había interrupciones en el diálogo entre el hombre y Dios. Así nos lo dice la Biblia:

> Jehová Dios formó, pues, de la tierra toda bestia del campo, y toda ave de los cielos, y las trajo a Adán para que viese cómo las había de llamar; y todo lo que Adán llamó a los animales vivientes, ese es su nombre (Génesis 2.19).

En el huerto del Edén (o huerto placentero) Dios creaba a los animales y se los llevaba a Adán para que les pusiera nombre. ¡Qué relación amorosa! Luego, Dios creó una mujer y también se la llevó al hombre (Génesis 2.22). Dios, como un padre, estaba demostrando su carácter amoroso a su hijo Adán al hacerlo parte de sus actividades. Se deleitaba en Adán y Eva.

Durante tres años y medio Jesucristo caminó despojado de sus atributos divinos, lleno del Espíritu Santo y complaciendo al Padre en todo. Con razón sucedía todo lo que ordenaba: los muertos resucitaban, los demonios salían y los enfermos sanaban. Con razón los hombres y las mujeres lo seguían. Jesús caminó en el «placer» del Padre. Por eso el Padre le dio toda autoridad en los cielos y en la tierra.

Una de las experiencias más placenteras como padres es jugar con nuestros hijos, especialmente cuando vemos que disfrutan de esos momentos. Así trataba Dios a Adán en el huerto del Edén. Esto sucede cuando los cielos se abren. Dios recibe complacencia de una vida que se entrega totalmente al Espíritu.

En esencia

En este capítulo hemos aprendido que:

1. Jesús se despojó a sí mismo de su naturaleza divina.

2. Dios se encarnó en Jesús para padecer y experimentar la muerte en representación de nosotros.

3. La complacencia de Dios se manifiesta en los cielos abiertos.

4. Cada cristiano es una carta de Cristo, escrita por el Espíritu Santo en nuestros corazones imperfectos y que convencerá al que la lee.

5. No podemos ser verdaderas cartas de Cristo mientras tengamos un velo religioso que impida ver la gloria de Dios en nosotros.

Entonces, ¿qué nos queda por delante? Dios está preparando un ejército de personas, cartas de Cristo que serán probadas antes de conquistar victorias en el nombre de Jesús.

7

El ejército de Dios

Dios manifestará la gloria de su Hijo Jesús en la Iglesia de la misma manera en que sucedió en el día de la derrota de los madianitas.

Por el capítulo cuatro sabemos que Dios envió un profeta a anunciar el mensaje de arrepentimiento. Históricamente hemos visto que antes de toda manifestación de la gloria de Dios en los avivamientos de su Iglesia, Él ha enviado predicadores que han expuesto los pecados existentes dentro del Cuerpo de Cristo.

Al estudiar los avivamientos de los últimos siglos

vemos que la Iglesia ha reconocido su desobediencia, frialdad y faltas. Ha sido entonces cuando han nacido grandes movimientos de oración.

Después de la venida del profeta, Dios levantó un ungido, Gedeón, quien protegía la comida que los madianitas robaban. El Señor siempre elige personas que guardan celosamente su llamado. Los escogidos son siempre individuos humildes que no confían en sus propias fuerzas. Los hombres y mujeres que Dios elige para manifestar su gloria por lo general parecen inadecuados. Después que prepara los ungidos, Dios separa un ejército al igual que ocurrió en el caso de Gedeón.

El ejército de Gedeón

Todos los hombres de guerra llegaron al llamado del ungido. Gedeón deseaba tener el ejército más grande y el mejor preparado. Pero los planes de Dios eran diferentes: el ejército no libraría esta batalla, sino que sería Dios el que lo haría.

> Jehová dijo a Gedeón: El pueblo que está contigo es mucho para que yo entregue a los madianitas en su mano, no sea que se alabe Israel contra mí, diciendo: Mi mano me ha salvado (Jueces 7.2).

El Señor siempre elige personas que guardan celosamente su llamado.

Si Dios mismo iba a pelear, no había necesidad de fuerza humana, solo harían falta soldados humildes.

En la última gran manifestación de la gloria de Dios en todas las naciones, Él usará hombres y mujeres que sean como Jesús: despojados, humildes y dependientes del Espíritu Santo. No conquistaremos las naciones con bienes, recursos humanos, ni capacidades intelectuales. Será Dios el que pelee.

El ejército de Gedeón no podía temer

Los que no creen absolutamente en las promesas de Dios, no podrán ser parte de su ejército:

> Ahora pues, haz pregonar a los oídos del pueblo, diciendo: Quien tema y se estremezca, madrugue y devuélvase desde el monte de Galaad. Y se devolvieron veintidós mil, y quedaron diez mil (Jueces 7.3).

El ejército de Dios estará compuesto por valientes hombres y mujeres de fe que no pondrán su mira en las dificultades ni los impedimentos. Este ejército que Dios elige no temblará ante la magnitud de la conquista.

El ejército de Gedeón pasó el examen de Dios

Dios probará a cada hombre y mujer que forme parte de este glorioso ejército:

> Jehová dijo a Gedeón: Aún es mucho el pueblo; llévalos a las aguas, y allí te los probaré; y del que yo te diga: Vaya este contigo, irá contigo; mas de cualquiera que yo te diga: Este no vaya contigo, el tal no irá (Jueces 7.4).

La prueba que Dios usó en el caso del ejército de Gedeón fue creada para ellos. No quiero espiritualizar este examen. No me interesa indagar ni especular por qué eligió Dios a los que lamieron el agua y rechazó a quienes doblaron sus rodillas para beberla. El caso es simple. Dios miró la manera en que bebieron. Hubo una característica especial en la forma en que los elegidos bebieron agua. Dios preparará un examen diseñado específicamente para cada persona y situación. Luego nos llevará a un lugar en el que se fijará la manera en que bebemos. ¿Bebiendo qué? Dios se fijará con qué ansias bebemos de su presencia.

Él busca en su ejército características tales como humildad, valentía, comunión y visión.

En varias congregaciones de nuestro continente Dios está manifestando su poder y gloria. Miles de personas han viajado para asistir a estas congregaciones o a actividades ungidas. He escuchado a varias personas decir que no debemos ir a ningún sitio específico a buscar lo que es de Dios. Sin embargo, Dios elegirá a quienes buscan el toque de su presencia.

Tenga la seguridad de que Dios probará su vida y que en su caso el examen será diferente al de otros. Él busca en su ejército características tales como humildad, valentía, comunión y visión. La realidad es que nosotros somos los últimos en reconocer estos rasgos en nuestras propias vidas. Es a través de los exámenes de Dios (los desiertos que Él prepara) que estas habilidades espirituales salen a relucir en nuestras vidas. Es a través de estas pruebas que recibimos los que pertenecemos al ejército de Dios.

Dios fortaleció el ejército de Gedeón

Dios conoce a la perfección cada una de nuestras debilidades y flaquezas, y nos da la palabra oportuna, en el momento oportuno:

> Aconteció que aquella noche Jehová le dijo: Levántate, y desciende al campamento; porque yo lo he entregado en tus manos. Y si tienes temor de descender, baja tú con Fura tu criado al campamento, y oirás lo que hablan; y entonces tus manos se esforzarán, y descenderás al campamento (Jueces 7.9-11).

Dios conocía la debilidad humana y el corazón de Gedeón, y detectó que había temor en él. De ahí sus palabras: «Si tienes temor...» Sin embargo, antes de la confrontación con el enemigo, Dios fortaleció a Gedeón asegurándole mediante una contundente evidencia de la victoria sobre el enemigo.

De la misma manera que pasó con Gedeón, los hombres y mujeres que formarán parte del ejército de Dios no serán supercristianos, sino personas que confían absolutamente en Él. Por eso, están seguros de la victoria aun antes de salir a la lucha.

Gedeón ve la victoria antes de pelear

Cuando llegó Gedeón al campamento enemigo, oyó algo extraordinario:

> Un hombre estaba contando a su compañero
> un sueño, diciendo: He aquí yo soñé un sueño:
> Veía un pan de cebada que rodaba hasta el
> campamento de Madián, y llegó a la tienda, y la
> golpeó de tal manera que cayó, y la trastornó de
> arriba abajo, y la tienda cayó. Y su compañero
> respondió y dijo: Esto no es otra cosa sino la
> espada de Gedeón hijo de Joás, varón de Israel.
> Dios ha entregado en sus manos a los madianitas
> con todo el campamento (Jueces 7.13-14).

Dios ya había intervenido en la batalla y había hecho su obra en el mundo espiritual antes de que salieran a pelear los trescientos hombres que formaban al ejército de Gedeón. El hombre que tuvo el sueño fue víctima de un ataque divino. El sueño fue un elemento paralizante.

El ejército de Dios *ve* la victoria antes de salir al campo de batalla.

Dios puso terror en el corazón del ejército de Madián, invadiendo sus mentes. El hombre vio la manifestación de la gloria de Dios en la forma de un pan de cebada. El espíritu de terror y confusión que Él infundió en aquellos madianitas se veía como un gran pan de cebada que rodaba tumbando las tiendas y destruyéndolas. La victoria ya estaba ganada aunque todavía Israel no había salido al campo de batalla.

El ejército de Dios *ve* la victoria antes de salir al campo de batalla. En el Antiguo Testamento, vemos que Dios mandaba a los líderes de Israel que enviaran espías antes de entrar a conquistar territorios: Moisés envió doce hombres a espiar la tierra de Canaán. Josué envió dos hombres a espiar la ciudad de Jericó. David enviaba espías antes de entrar en batalla.

En la dispensación del Espíritu Santo, Dios nos enviará a espiar a través de sueños y visiones. Por medio de visiones veremos las bendiciones y los logros que obtendremos en Cristo: las personas que serán salvas, liberadas y restauradas.

En estos últimos años he tenido la oportunidad de conversar con muchos cristianos que tienen este tipo de visiones. Algunos tienen sueños acerca de viajes a naciones, donde cumplirán con un propósito divino. Otros ven visiones de personas que se salvarán después de hablarles y ministrarles. Algunos otros ven mediante visiones que hablan con personas importantes y de mucha influencia como los presidentes de las naciones. Finalmente, otros tienen visiones en las que oran por los enfermos y estos sanan, o en las que resucitan muertos y hacen milagros.

Aunque hay personas que quizás duden de estas experiencias, Dios está levantando un ejército de hombres y mujeres que prepara mediante sueños y visiones. Él mostrará su estrategia espiritual a su ejército y a sus ungidos antes de salir a la batalla. El ejército de Dios saldrá por las naciones confiado y seguro de que la victoria es de Dios. Y, como es natural, le dará la gloria a Dios.

El ejército de Dios adora y exalta al Señor

Ante la revelación que tuvo en el campamento enemigo, Gedeón no pudo menos que rendirle culto a Dios:

> Cuando Gedeón oyó el relato del sueño y su interpretación, adoró; y vuelto al campamento de Israel, dijo: Levantaos, porque Jehová ha entregado el campamento de Madián en vuestras manos (Jueces 7.15).

Gedeón reconoció que Dios inspiró el sueño del madianita y que el Señor ya había intervenido en el conflicto al enviar un «pan de cebada» en el ámbito espiritual, para confundir al enemigo.

Ese reconocimiento llevó a Gedeón a adorar a Dios y a darle toda la honra, la gloria y el honor por la liberación de Israel. Cuando volvió al campamento, guió a todo el ejército en un gran culto de alabanza.

La alabanza es un arma muy poderosa. El ejército alabó a Dios porque la victoria era segura. En ese espíritu de alabanza ellos se alistaron y se levantaron para conquistar a Madián sometidos bajo el poder de Dios.

El ejército de Dios se somete a las órdenes del Espíritu Santo

De inmediato, vemos a Gedeón explicando el plan de batalla:

> Repartiendo los trescientos hombres en tres escuadrones, dio a todos ellos trompetas en sus manos, y cántaros vacíos con teas ardiendo dentro de los cántaros. Y les dijo: Miradme a

mí, y haced como hago yo; he aquí que cuando llegue al extremo del campamento, haréis vosotros como hago yo (Jueces 7.16-17).

La victoria no era lo importante, porque Dios ya había intervenido. Lo importante era cómo se glorificaría Dios y de qué manera sería honrado, reconocido y exaltado en esta confrontación. El Espíritu Santo es el único que sabe exaltar a Cristo. Por eso es necesario que el ejército obedezca sus instrucciones. Los hombres no estaban allí para luchar contra los madianitas, sino para que Dios fuera reconocido y exaltado por sobre todo.

Hoy día la Iglesia de Cristo está muy orientada hacia los logros para Dios. Sin embargo, ese no es el propósito de ella en la tierra. Lo importante no está en los logros, sino en que:

- Dios sea glorificado en nuestros logros.
- Se reconozca a Dios como el que da la orden, fortalece nuestras manos y nos da una visión de su gloria.
- El logro sea una ofrenda de adoración y alabanza al Señor.
- Lo que logremos se reconozca como una «obra de Dios».
- Nuestro logro guíe a otros a adorar, alabar y reconocer la grandeza de Dios.

El ejército de Dios tiene mucho cuidado en que todas las victorias se atribuyan exclusivamente al Señor.

La obediencia a las instrucciones del Espíritu es un acto

de reconocimiento a la soberanía de Dios. La obediencia al Espíritu es pura adoración. Dios se glorifica a través de personas que lo obedecen y se mantienen unidas bajo su poderosa mano.

El ejército de Dios es unido

Ahora, las palabras de Gedeón van dirigidas a un ejército que necesitaba más que nunca mantenerse unido:

> Yo tocaré la trompeta, y todos los que estarán conmigo; y vosotros tocaréis entonces las trompetas alrededor de todo el campamento, y diréis: ¡Por Jehová y por Gedeón! (Jueces 7.18).

Las instrucciones fueron específicas. No se podían usar las armas de manera aislada. *Todos juntos* debían tocar las trompetas, gritar y romper los cántaros. Todo se debía hacer al unísono. Nadie podía tocar la trompeta por sí solo. El grito debía ser uno. Si el enemigo oía una trompeta o si veía una sola tea ardiendo, con una flecha podía matar con facilidad al soldado que lo hubiera hecho. Pero la estrategia de Dios fue clara. Él se glorifica en la unidad de su ejército. Y, ¡qué clase de armas usó en esta oportunidad el ejército de Dios!

El ejército de Dios usa armas espirituales

El ejército de Dios no usa armas carnales ni estrategias humanas.

> Los tres escuadrones tocaron las trompetas, y quebrando los cántaros tomaron en la mano

izquierda las teas, y en la derecha las trompetas
con que tocaban, y gritaron: ¡Por la espada de
Jehová y de Gedeón! (Jueces 7.20).

En este caso usó trompetas y teas encendidas cubiertas
por cántaros. Las instrucciones de Dios a Gedeón fueron
claras. Debía atacar a Madián en la noche, durante las
horas de oscuridad.

Las instrucciones fueron específicas. No se podían usar las armas de manera aislada.

El primer paso fue tocar las trompetas, que los madianitas oyeron. El sonar de las trompetas simplemente
despertó a los soldados enemigos, pero no los ahuyentó.
Fue solo un aviso o una alarma que los despertó. Las trompetas no eliminaron las tinieblas, ni confundieron al
enemigo. El sonar de las trompetas no fue suficiente. Sin
embargo, Gedeón y el ejército se mantuvieron dispuestos
a esperar en Dios.

El ejército de Dios es firme

El ejército de Dios cumplió con las órdenes de usar las
armas espirituales. Es por eso que «se estuvieron firmes
cada uno en su puesto en derredor del campamento», para
luego comprobar cómo «todo el ejército echó a correr
dando gritos» (Jueces 7.21).

Cuando tocaron las trompetas y quebraron los cántaros
para que las teas se vieran, el ejército de Madián entró en
confusión. Los madianitas no sabían cómo reaccionar a

esta estrategia. Nunca antes habían visto un ataque similar. ¡Pero cuidado! Aquí viene el momento crucial. El secreto del ejército de Dios es su firmeza y no se conforma con que el enemigo esté confundido. El ejército se mantiene firme en su posición. Cada uno debe quedarse en su lugar, peleando con las armas espirituales hasta que vea correr al enemigo.

El ejército de Dios es decidido y paciente y no se deja impresionar por las reacciones iniciales del enemigo. El objetivo es lograr que el enemigo abandone el territorio que ha tomado para luego ver culminado su trabajo.

El ejército de Dios termina el trabajo

La victoria no estaba completa hasta que los reyes de Madián hubieran muerto. Si quedaban vivos, podían volver a su tierra y reclutar un nuevo ejército para atacar después de un tiempo. De modo que Gedeón al instante atacó el campamento y sus enemigos huyeron despavoridos:

> Huyendo Zeba y Zalmuna, él [Gedeón] los siguió; y prendió a los dos reyes de Madián, Zeba y Zalmuna, y llenó de espanto a todo el ejército … Entonces dijeron Zeba y Zalmuna: Levántate tú, y mátanos; porque como es el varón, tal es su valentía. Y Gedeón se levantó, y mató a Zeba y Zalmuna (Jueces 8.12,21).

Las estrategias de Dios son contundentes. Él no solo quería destruir al ejército de Madián, sino a Madián con su reino, reyes y príncipes.

Desde el principio, Dios estableció que para vencer se debe destruir la cabeza del enemigo. En Génesis, la Biblia profetiza que Satanás heriría a la simiente de Eva en el calcañar, pero que a su vez Cristo lo heriría en la cabeza.

Durante los años de conquista Dios ordenó que Amalec fuera totalmente destruido. Cuando Saúl no obedeció y salvó la vida de Agag, rey de Amalec, el profeta Samuel cortó en pedacitos a Agag (véase 1 Samuel 15.33). David tumbó al gigante Goliat con una piedra, pero como seguía vivo, le cortó la cabeza con la propia espada del gigante.

Dios levantará sobre esta tierra un ejército que destruirá las cabezas territoriales que controlan las almas de los hombres. El propósito no será «atarlos», sino que el ejército destruirá las cabezas de principados, potestades, gobernadores y huestes de maldad. Sin cabeza, el enemigo no podrá gobernar sus territorios.

Pero, ¿qué estrategia debe utilizar la Iglesia para llevar a cabo los planes de Dios?

La estrategia de Dios

La Iglesia de Jesucristo ha estado predicando el evangelio por casi dos mil años. Hemos estado tocando la trompeta de salvación en un mundo de tinieblas. Sin embargo, la predicación del evangelio solo ha sido para despertar al enemigo. No ha despejado las tinieblas. ¡Cuántas veces hemos visto que cuando se habla del amor de Dios y de la salvación, otros cultos religiosos y hasta religiones paganas se aprovechan y capitalizan el trabajo de la Iglesia!

El secreto del ejército de Gedeón fue seguir la estrategia de Dios al pie de la letra. En el momento de mayor confusión, después del sonar de las trompetas, se rompieron los cántaros y las teas de fuego brillaron en medio de la noche. El fuego de las teas disipó las tinieblas y trajo la luz. Pero para que brillaran las teas, los valientes de Gedeón quebraron sus cántaros.

El mundo no necesita ver una presentación más refinada del evangelio, ni a especialistas en comunicaciones que presentan el mensaje de Cristo con las más modernas técnicas. El mundo necesita ver cristianos quebrantados y despojados de sus ambiciones, agendas y pretensiones, creyentes que ardan con el fuego del Espíritu Santo.

En resumen, el mundo necesita ver en nuestras vidas una manifestación del Espíritu de Santidad (el Espíritu de Cristo), que se sometió a la voluntad de su Padre y tomó forma de esclavo ofreciendo su vida hasta la muerte de cruz. Cuando el mundo vea creyentes quebrantados, las tinieblas se disiparán sobre nuestras ciudades, los cielos se abrirán, el enemigo huirá y el ejército tomará el botín. Asimismo, la Iglesia debe estar preparada como un ejército se prepara para la batalla.

La preparación del ejército

Aquí nos debemos detener por un momento, ya que llegamos a un punto crucial. ¿Cómo se prepara este ejército para caminar con cielos abiertos? ¿Qué pasos prácticos podrá dar usted para comenzar a ver los cielos abiertos en su vida? La respuesta es simple: Dios nos llevará al lugar de arrepentimiento y quebrantamiento.

En el capítulo tres hablé de Jesús como modelo. Al hablar de Jesús, la Biblia dice:

> Aunque era Hijo, por lo que padeció aprendió la obediencia; y habiendo sido perfeccionado, vino a ser autor de eterna salvación para todos los que le obedecen (Hebreos 5.8-9).

Jesús aprendió la obediencia a través de los sufrimientos en su paso por el proceso de perfeccionamiento. Esto no significa que Él fuera imperfecto ni débil en alguna esfera de su vida, ni que debiera mejorar en su carácter. Esto simplemente significa que Él fue maduro en la voluntad y en el plan de su Padre.

El secreto del ejército de Gedeón fue seguir la estrategia de Dios al pie de la letra.

Jesús se despojó del privilegio de tener absoluto conocimiento sobre cada detalle del plan redentor y se rindió a su Padre segundo tras segundo, minuto tras minuto y día tras día. Aunque podía saber de antemano todo lo que sucedería en los planes de su Padre, sin embargo entregó su futuro en manos del Espíritu Santo, quien lo guió desde su concepción hasta su ascensión. El secreto de la vida de Jesús fue su total sometimiento y obediencia al Padre.

¿Cómo llegaremos a ese estado siendo personas

rebeldes, pecaminosas y egoístas? El Padre tiene un plan para cada uno de nosotros: envió al Espíritu Santo para que produzca el carácter de Jesús en nosotros. Para conseguirlo, ¿qué debemos hacer? En primer lugar, reconocer que Dios no desea cerrar los cielos.

El clamor de Isaías y la respuesta de Dios

En los días del profeta Isaías los israelitas pasaban momentos muy graves, ya que se habían olvidado de Dios y lo servían como les parecía mejor. A pesar de que los sacerdotes se preocupaban de que se cumpliera estrictamente toda ordenanza de ritual, Isaías levanta esta oración:

> Mira desde el cielo, y contempla desde tu santa y gloriosa morada. ¿Dónde está tu celo, y tu poder, la conmoción de tus entrañas y tus piedades para conmigo? ¿Se han estrechado? Pero tú eres nuestro padre, si bien Abraham nos ignora, e Israel no nos conoce; tú, oh Jehová, eres nuestro padre, nuestro Redentor perpetuo es tu nombre (Isaías 63.15-16).

Isaías estaba frustrado. Antes había tenido una visión de la gloria de Dios en la que Él lo comisionaba a predicar el mensaje de restauración y gracia. Pero cuando miraba la existente situación de decadencia moral y espiritual, se preguntaba cuándo intervendría Dios. Al ver que Israel iba de mal en peor, preguntó a Dios hasta cuándo permitiría este desastre espiritual. Para colmo, Isaías ya había visto con su ojo profético el triste destino que Israel iba a tener en el cautiverio. Por eso clama:

> ¡Si rompieses los cielos, y descendieras, y a tu presencia se escurriesen los montes, como fuego abrasador de fundiciones, fuego que hace hervir las aguas, para que hicieras notorio tu nombre a tus enemigos, y las naciones temblasen a tu presencia! (Isaías 64.1-2).

Esta es la oración de un hombre temeroso de Dios que pide cielos abiertos en la manifestación de la gloria de Dios como fuego. Dios le responde:

> Fui buscado por los que no preguntaban por mí; fui hallado por los que no me buscaban. Dije a gente que no invocaba mi nombre: Heme aquí, heme aquí (Isaías 65.1).

¡Qué respuesta! Dios le dice a Isaías que no pida cielos abiertos, pues Él nunca había abandonado a su pueblo. Fue su pueblo el que lo abandonó a Él. Los cielos no se habían cerrado, sino el corazón del pueblo. Los cielos tampoco eran de bronce, pero sí lo era el corazón de la gente.

Podemos parafrasear las palabras de Dios: «Siempre he estado aquí, pero me encontraron los que no sabían buscarme y los que no sabían hablarme. Los que sí sabían buscarme, sabían orar y conocían mis caminos, pero no me encontraron».

Los judíos religiosos eran sumamente estrictos en los

ritos y en el culto a Dios, pero su corazón estaba lejos de Él y no oían su voz. Entonces Dios tuvo que levantar a otros: los gentiles que respondieran a la invitación de Dios.

¿No es esta la situación actual? Muchos cristianos que por años conocen a Jesús y han sido parte integral de las iglesias no están viendo cielos abiertos. Sin embargo, hay nuevos convertidos que sin conocer mucho ni tener mucha experiencia están experimentando manifestaciones de gloria y de poder.

Los cielos no se habían cerrado, sino el corazón del pueblo.

Debemos oír la voz del Espíritu Santo que nos llama al arrepentimiento y nos quiere enseñar a ser como Cristo. Él quiere mostrarnos dónde están en realidad las cosas que nos impiden disfrutar de los cielos abiertos.

Los verdaderos problemas del pueblo

¿Cuáles eran los problemas de Israel en los días de Isaías? En este capítulo Dios le da al profeta una lista de todas las cosas que separan al pueblo de Él:

Rebeldía

Dios reprende el mal porque no puede pasarlo por alto. Tampoco pasará por alto a quienes siguen su propio camino de pecado:

> Extendí mis manos todo el día a pueblo
> rebelde, el cual anda por camino no bueno, en
> pos de pensamientos (Isaías 65.2).

Dios no dice que su pueblo es rebelde porque desobedece su Palabra, sino porque anda en caminos de acuerdo a sus pensamientos.

Hoy día tratamos de servir a Dios de acuerdo a conceptos que hemos creado según las tradiciones humanas; interpretamos las verdades espirituales eternas según nuestro entendimiento humano; y construimos doctrinas, dogmas y demandas, y las presentamos como si fueran de Dios. Para Dios eso es rebeldía. Un corazón rebelde se cierra a la vida de Dios. Un corazón rebelde no adora a Dios.

Adoración impura

Ahora Dios recrimina a Israel por su idolatría y prácticas paganas:

> Pueblo que en mi rostro me provoca de
> continuo a ira, sacrificando en huertos, y
> quemando incienso sobre ladrillos (Isaías 65.3).

Dios estableció que la adoración debía ser como Él la determinaba. En los tiempos de Isaías, Israel debía adorar en el templo de Jerusalén. Debido a su falta de temor a Dios, los israelitas se inventaron formas más convenientes para adorar. Por eso el profeta habla de sacrificios que se presentaban en huertos o jardines privados.

Dios no aceptaba los altares en los huertos y jardines de los israelitas, aunque fueran más lindos y mejor preparados. Ni quería que la adoración de incienso se hiciera sobre ladrillos. Los ladrillos eran hechos por hombres. Dios había establecido que los altares debían ser de piedras naturales, no piedras formadas con martillo y cincel. Israel estaba ofreciendo el incienso de la oración sobre estructuras hechas por manos de hombres y por eso el Señor no aceptaba sus oraciones.

En la era del Espíritu, la adoración que Dios acepta es «en espíritu y en verdad». Es en espíritu, porque la guía el Espíritu Santo. Es decir, de nuestro espíritu al corazón de Dios. Es en espíritu, porque no es con nuestra carne ni con nuestras fuerzas humanas. Es en verdad, porque la adoración debe ser genuina, basada en la Palabra de Dios.

La adoración que Dios acepta es «en espíritu y en verdad».

La adoración de la Iglesia no debe basarse en las emociones humanas, ni en un estilo cultural, ni en un estilo popular que se transforma en rutina. Dios no desea que sacrifiquemos en «huertos» ni jardines a nuestra conveniencia. Su deseo es que sacrifiquemos adoración en altares que Él acepta.

Los altares de Dios son lugares de muerte y sacrificio. Allí, al único que se debe exaltar es a Dios y quien debe morir es la carne (gustos personales, ego y buenas obras). Debemos aprender que la adoración a Dios es como Él manda.

Ignorancia

El pueblo de Israel se comportaba como ignorante y su adoración era realmente vacía.

> Se quedan en los sepulcros, y en lugares escondidos pasan la noche (Isaías 65.4).

Cuando no adoramos a Dios como Él demanda, la vida del Espíritu no se imparte y somos como sepulcros o tumbas. Cuando la vida, el poder y la unción del Espíritu no se manifiestan en la vida de un cristiano, es como si esta persona viviera en la oscuridad. Su alma está apagada y triste. ¿Cómo se refleja esto?

Inmundicia

La vida de alguien en tinieblas está llena de inmundicias:

> Comen carne de cerdo, y en sus ollas hay caldo de cosas inmundas (Isaías 65.4).

Los israelitas de aquel tiempo no acostumbraban comer carne de cerdo ni cosas inmundas, de manera que Dios no está hablando de comida. Recordemos las palabras de Jesús:

> No lo que entra en la boca contamina al hombre; mas lo que sale de la boca, esto contamina al hombre (Mateo 15.11).

El pueblo de Israel tenía prohibida la carne de cerdo. Dios la prohibió porque el cerdo no rumia, aunque tiene pezuñas. Para que se permitiera comer la carne de un animal, este debía tener pezuña hendida y debía rumiar la comida. Con las pezuñas hendidas o separadas los animales pueden elegir la comida que van a consumir, partiéndola, desmenuzándola, limpiándola de otros elementos extraños. Los animales que rumian, mastican la comida y la devuelven para luego consumirla otra vez.

Después de este proceso de rumiar queda lista solamente la comida que será digerida y asimilada. Las ovejas, por ejemplo, tragan hierbas, piedras y otros elementos que no pueden digerirse. Pero luego de rumiar varias veces, devuelven todo lo que no puede absorberse.

Este cuadro es similar al de un cristiano que no se preocupa de lo que está absorbiendo: aunque aparentemente es aceptable en su exterior, en su interior está absorbiendo cosas inmundas como ideas del mundo y conceptos religiosos carnales.

Orgullo religioso

A pesar de la condición tan perversa en que estaban los israelitas, seguían pensando que eran más santos que todos.

> Dicen: Estáte en tu lugar, no te acerques a mí, porque soy más santo que tú; estos son humo en mi furor, fuego que arde todo el día (Isaías 65.5).

Estas palabras no deben salir de la boca de un cristiano. Sin embargo, se oyen mucho en boca de cristianos que se creen más consagrados que otros. Estas palabras salen de un corazón que aunque cumpla con todos los requisitos de la ley de Dios, está lejos del corazón de Dios.

Es necesario que el pueblo de Dios se levante y reconozca sus pecados. El orgullo y la vanidad no conducen a nada. Debemos humillarnos delante de Dios, si queremos andar con los cielos abiertos.

En oración y ruego

Dios no ha cerrado los cielos ni desea cerrarlos. Somos nosotros los que hemos cerrado nuestro corazón a su Espíritu debido a nuestra rebelión, dureza de corazón y orgullo. El mensaje del espíritu de profecía a través de los profetas que se levantarán en los próximos días será para que nos arrepintamos de todo lo malo que hay dentro de la Iglesia. Por eso es importante que nos mantengamos en oración, que roguemos al Padre, como lo hicieron los discípulos después de la ascensión de Jesús.

Los cincuenta días

En el libro de los Hechos vemos lo que sucedió en los días antes de Pentecostés. Jesús mandó a los discípulos a quedarse en Jerusalén.

> Estando juntos, les mandó que no se fueran de Jerusalén, sino que esperasen la promesa del Padre, la cual, les dijo, oísteis de mí (Hechos 1.4).

Jesús fue crucificado durante la Fiesta de la Pascua judía. Cincuenta días después de la Pascua, los judíos celebran el día de Pentecostés, al que se le llama también

Fiesta de los Primeros Frutos. La Biblia nos dice que
después de su muerte, Jesús estuvo en la tumba por tres
días; así que quedaban cuarenta y siete días para Pentecostés.

Después de la resurrección, Jesús se apareció a sus
apóstoles durante cuarenta días y les habló acerca del
Reino de Dios (véase Hechos 1.3). Antes de su ascensión
les mandó que se quedaran en Jerusalén. Faltaban
entonces siete días para Pentecostés y Jesús les dijo a sus
discípulos que esperaran en Jerusalén. Entonces, ¿qué
hicieron los seguidores de Jesús los siete días antes de la
venida del Espíritu Santo?

> Todos estos perseveraban unánimes en
> oración y ruego, con las mujeres, y con María
> la madre de Jesús, y con sus hermanos
> (Hechos 1.14).

Los ciento veinte se quedaron orando y rogando. Por
tanto, estaban en comunión con Dios y estudiaban también
la Palabra. En Hechos 1.15-17, Pedro les recuerda a todos
lo que estaba profetizado acerca del traidor que entregó a
Jesucristo:

> En aquellos días Pedro se levantó en medio
> de los hermanos (y los reunidos eran como
> ciento veinte en número), y dijo: Varones
> hermanos, era necesario que se cumpliese la
> Escritura en que el Espíritu Santo habló antes
> por boca de David acerca de Judas, que fue
> guía de los que prendieron a Jesús, y era

contado con nosotros, y tenía parte en este ministerio (Hechos 1.15-17).

Al quedarse en Jerusalén orando, el Espíritu Santo guió a los discípulos al arrepentimiento. Los primeros ciento veinte en la iglesia tenían un problema que se debía resolver antes de la venida del Espíritu Santo: el mal testimonio que dejó Judas. Este no solo traicionó a Jesús, sino que con el dinero que ganó por su cobardía compró un campo donde finalmente se suicidó.

Fue notorio a todos los habitantes de Jerusalén, de tal manera que aquel campo se llama en su propia lengua, Acéldama, que quiere decir, Campo de sangre (Hechos 1.19).

Pedro tomó la responsabilidad de llevar el caso de Judas ante el grupo y pidió que se tomaran medidas para arreglar la situación. Antes de la venida del Espíritu Santo, la Iglesia tuvo que arreglar el caso de Judas, que dejó su lugar vacío y un testimonio público terrible: *un campo de sangre*.

El reconocimiento de nuestros pecados

Para arreglar el caso, reconocieron la traición de Judas y eligieron a Matías, un verdadero testigo de Jesús, para que ocupara su lugar.

En el día de Pentecostés los cielos se abrirían sobre los ciento veinte y serían llenos del Espíritu Santo, como ocurrió con Jesús en el día de su bautismo en el Jordán. Pero no podía haber pecado en la Iglesia. No podía haber un campo de sangre. Los ciento veinte se arrepintieron en oración y ruego, dieron pasos para restituir el lugar vacío de Judas y así se prepararon para ver cielos abiertos.

Hoy día, como comunidad cristiana hemos dejado «campos de sangre» públicos y no hemos demostrado amor cristiano. A través de la historia, la Iglesia incluso ha derramado sangre para defender posiciones teológicas, intereses políticos y antiguas venganzas. Hemos peleado en público por posiciones doctrinales y hemos avergonzado la causa del evangelio viviendo de manera que no glorifica a Dios.

Dios nunca ha querido cerrar los cielos ni ha querido que su gloria deje de manifestarse.

El ejército que Dios está levantando sobre la tierra para conquistar naciones tiene la victoria asegurada porque se moverá con cielos abiertos de familia en familia, de pueblo en pueblo, de ciudad en ciudad y de nación en nación. La gloria de Dios irá al frente y destruirá al enemigo como en el día de Madián. Pero antes de esto, se levantarán los profetas que anunciarán que hoy es el momento del arrepentimiento.

Dios nunca ha querido cerrar los cielos ni ha querido que su gloria deje de manifestarse. De ahí que estos sean tiempos de reflexión en que debemos permitir que el Espíritu Santo nos redarguya y nos aclare en qué esferas nos hemos alejado del corazón de Dios.

En esencia

Dios está levantando en medio de su pueblo un ejército que reconocerá el pecado en la Iglesia y la llamará al arrepentimiento.

Ese ejército tendrá las siguientes características:

1. *Será humilde y valiente.*
2. *Pasará el examen de Dios.*
3. *Tendrá la fortaleza de Dios.*
4. *Verá la victoria de Dios antes de la batalla.*
5. *Adorará y exaltará a Dios.*
6. *Se someterá a las órdenes del Espíritu Santo.*
7. *Será unido y firme.*
8. *Terminará el trabajo encomendado.*
9. *Utilizará armas espirituales.*

Como en el ejército de Gedeón, los elegidos serán personas que sabrán identificar la voz del Padre porque tienen que obedecer sus órdenes.

8

La voz del Padre

Dios nos saca de una vida de pecado y muerte y nos conduce hacia una vida de victoria y gloria. Precisamente, en el primer capítulo de este libro hablé acerca de la dirección que toma el cristiano después de nacer de nuevo.

Dios sacó de Egipto a los israelitas para llevarlos a la tierra prometida. Su voluntad no era solo librarlos de la esclavitud de los egipcios, sino introducirlos a la tierra de la promesa, que era la herencia de Israel.

De la misma manera, Dios no nos salva simplemente para librarnos del pecado y del infierno. Su voluntad es que todos entremos en su herencia, que es el cumplimiento de sus promesas y propósitos. Desea que cada creyente viva bajo cielos abiertos. Es decir, lleno del Espíritu Santo, oyendo sin obstrucciones la voz del Padre y viviendo en comunión con Él.

En el capítulo dos hablé acerca del propósito de Dios en nuestras vidas. No cabe duda que quiere que dependamos de Él y ser el todo en cada aspecto de nuestra vida. Dios es la fuente de todo lo que necesitamos en esta vida y en la venidera. Es el que abre los cielos y suple toda bendición, el que ofrece toda dirección y revelación, y el que ejecuta cada milagro.

Israel pasó por un desierto o período de examinación de cuarenta años entre la salida de Egipto y la tierra prometida. En ese lapso Dios reveló su propósito: deseaba ser el todo para su pueblo.

A través de los años en el desierto, Israel tuvo agua para beber, maná y carne para comer y protección contra la intemperie. Dios fue su sanador y proveedor. Pero lo más importante era que Dios estaba en medio del campamento revelando su voluntad a través de Moisés, el profeta.

Jesús atravesó por la misma experiencia. Dios lo envió con una promesa: sería el Salvador, luz para revelación a los gentiles, gloria de Israel, Rey sobre el trono de David y Emanuel, Dios con nosotros.

Jesucristo fue el cumplimiento de la promesa de salvación que vino a abrir los cielos para todo aquel que crea. Dios se reconcilió con el mundo en Él. Cuando Jesús ejecutó el propósito del Padre en la cruz, pagando por nuestros pecados y ofreciendo su sangre a cambio de nuestra salvación, el Padre envió al Espíritu Santo y abrió los cielos. No solamente para Israel, sino para toda carne, para todos los hombres. Sin embargo, en el período comprendido entre la promesa y su cumplimiento, Jesús debió pasar por un desierto de disciplinas.

En los capítulos tres y cuatro hablé acerca de la vida de Jesús. Él esperó y fue probado hasta el día en que el Padre abrió los cielos en su bautismo en el Jordán.

¿Cuál es la intención de Dios al probarnos después de la salvación? ¿Por qué debemos atravesar por desiertos antes de entrar en el pleno cumplimiento de sus propósitos?

La intención de Dios

Volvamos a la experiencia de Israel. El ejército egipcio persiguió a los israelitas hasta hallarlos a orillas del Mar Rojo. Si estos volvían a Egipto, encontrarían la muerte segura. Si seguían adelante, se encontrarían con las aguas del Mar Rojo y no tenían embarcaciones para cruzar. Los dos millones de israelitas se encontraban frente a una situación imposible. ¡No podían volver hacia atrás!

Sin embargo, la intención de Dios era revelarse a Israel como su todo. Por tanto, sencillamente abrió las aguas del Mar Rojo y todo el pueblo de Israel pasó en seco. Cuando el ejército egipcio quiso cruzar el mar, Dios cerró las aguas y todos se ahogaron.

Ya al otro lado del mar, el pueblo respiró con alivio. Pero, ¿terminaron las pruebas? Apenas comenzaron.

La travesía

La experiencia que vivió el pueblo fue parte de la lección que recibió para confiar más en Dios:

> Y vio Israel aquel grande hecho que Jehová ejecutó contra los egipcios; y el pueblo temió a Jehová, y creyeron a Jehová y a Moisés su siervo (Éxodo 14.31).

Después de la celebración al otro lado del Mar Rojo por ver la manifestación grandiosa de Dios al librar a Israel de una muerte segura, Moisés ordenó la partida hacia el desierto de Shur. Pero esta travesía fue difícil, pues no hallaron agua (véase Éxodo 15.22).

¿Ha estado usted alguna vez un día sin beber agua? ¿Podría soportar ver a sus hijitos pequeños sedientos y llorando por un sorbo de agua? Los israelitas pasaron por esta situación durante tres días. Muchos critican a los judíos por la manera en que se comportaron en el desierto, pero la verdad es que pasar tres días sin agua es muy difícil. Aunque habían visto la maravillosa liberación de Dios y la destrucción del ejército egipcio, la falta de agua los hizo murmurar.

Las aguas amargas

Después de la manifestación de la gloria de Dios ante los israelitas en el Mar Rojo, Dios los lleva en un desierto sin agua. Cuando llegan a un lugar con agua, el manantial es amargo. A primera vista esto no tiene sentido.

> Llegaron a Mara, y no pudieron beber las aguas de Mara, porque eran amargas; por eso

le pusieron el nombre de Mara [amargura]
(Éxodo 14.23).

¿Por qué permite Dios que pasen tres días sin agua para finalmente llevarlos a aguas amargas? Estoy seguro de que muchos se han preguntado lo mismo.

En estos últimos años he hablado con muchos creyentes que han tenido genuinas experiencias con Dios y que no tienen duda de que Jesús los salvó y los ha llamado a ser testimonio de su gracia. Al igual que pasó con Israel, su experiencia inicial de salvación y liberación fue extraordinaria. Pero un tiempo después comenzaron las dificultades y las experiencias amargas. Es muy común encontrarme con creyentes que luego de hacer una decisión de un compromiso más profundo con Dios encuentran pruebas, en cambio de bendiciones.

Es posible que esta sea su situación hoy día y que no encuentre solución para los conflictos. Si usted es normal, seguramente habrá tratado de encontrar la razón o el propósito de este desierto. El pueblo de Israel también reaccionó. Pero esta vez con murmuraciones.

La sanidad de las aguas

De inmediato, surge una inquietud normal en quien no conoce la intención de Dios:

Entonces el pueblo murmuró contra
Moisés, y dijo: ¿Qué hemos de beber? (Éxodo
14.24).

Los israelitas estaban preocupados por sus vidas y por las de sus hijos, y no entendían que Dios no quería destruirlos. Por el contrario, estaba a punto de revelarles su propósito.

De igual manera, Dios desea revelar su propósito en el desierto, situación difícil o lugar de amargura por el que usted está pasando. Así que no murmure.

> Moisés clamó a Jehová, y Jehová le mostró un árbol; y lo echó en las aguas, y las aguas se endulzaron. Allí les dio estatutos y ordenanzas, y allí los probó (Éxodo 14.25).

Dios llevó a su pueblo a las aguas de amargura para mostrarles un árbol de sanidad. Él no es destructor de sus hijos, al contrario, tiene propósitos buenos para ellos. Dios quería revelarse a Israel como su sanador (véase v.26).

Cuando llegaron a las aguas amargas, Dios guió a los israelitas hacia el árbol de sanidad que endulza las aguas amargas. Quería mostrarse como el Dios que endulza las amarguras.

Aquí el árbol es símbolo de la cruz de Jesús y la sanidad de las amarguras de la vida está en la cruz del Calvario. La única manera en que Dios revela el poder de la cruz es en medio de su desierto, es decir, en medio de las amarguras.

Si todavía está buscando el propósito de Dios en su desierto, piense en lo que Él le mostró a Israel: la sanidad estaba en un árbol. En este caso Dios usó un árbol para manifestar una verdad: la sanidad en la cruz.

Dios sanador

En la vida de Jesús vemos una verdad muy poderosa

acerca de las heridas. La Biblia dice:

> [Jesús] herido fue por nuestras rebeliones,
> molido por nuestros pecados; el castigo de
> nuestra paz fue sobre Él, y por su llaga fuimos
> nosotros curados (Isaías 53.5).

Jesús fue herido en la espalda. Los azotes del soldado romano destrozaron la espalda de nuestro Señor. Pero en sus llagas o heridas hemos recibido sanidad y salvación.

Jesús recibió autoridad para sanar en el mismo lugar que recibió sus heridas. Nuestras heridas pueden transformarse en autoridad para sanidad y restauración.

La única manera en que Dios revela el poder de la cruz es en medio de su desierto, es decir, en medio de las amarguras.

Dios quiso llevar a Israel a un lugar de amargura para revelarle el poder de la sanidad en un árbol. Quería sanarlos para darles más autoridad. Él es Jehová Rapha, Dios Sanador.

En el Antiguo Testamento Dios estableció que el sumo sacerdote no podía entrar a su presencia con heridas en su cuerpo; tampoco podía ofrecer sacrificios en el altar de Dios si tenía «sarna» (Levítico 21.20, *La Biblia al día*). La palabra *sarna* es la «costra» que queda en la piel cuando la herida se ha cerrado después de coagularse la sangre. La costra en la piel es señal de que la herida todavía no se ha sanado por completo y de que existen partes sensibles al dolor.

Dios desea sanar a todos sus hijos de heridas y «costras». Por eso nos guía a lugares amargos. Allí nos revelará el nombre de «Jehová, el Sanador». En el lugar de sanidad, Dios transformará nuestras heridas en sanidad y autoridad. Dios quiere revelarse como el todo y como la fuente de toda bendición. Quiere sanar sus heridas y transformarlas en autoridad para sanar a otros. Quiere hacer habitación continua en su vida.

Dios también quería dar a los israelitas más autoridad y unción a través de esta experiencia, por eso los probó en Mara. Antes de repartir autoridad, el Señor prueba. Si Israel hubiera confiado en Dios, hubiera entrado en otro nivel espiritual bajo cielos abiertos.

Antes de una promoción o graduación a otro nivel espiritual, Dios nos quiere sanar de heridas que traemos de nuestro pasado. Israel estuvo cuatrocientos años bajo esclavitud. En todo ese tiempo se habían acostumbrado a Egipto, a dudar de su Dios y a confiar en sus propias fuerzas. En esta experiencia amarga, Dios quiso sanarlos de la amargura.

No cabe duda, en el caso de Israel la experiencia fue amarga, pero Dios reveló su poder. Pero en el caso de Jesús, no fue más placentero. Sufrió la experiencia de la tentación, para después comenzar su ministerio de poder.

Tentación a la naturaleza humana

Después de la experiencia en el Jordán, el Espíritu

llevó a Jesús al desierto. Si en ese momento los cielos hubieran estado abiertos, Él no habría tenido necesidad de entrar en un desierto de prueba. Sin embargo, el Padre deseaba revelarse a su Hijo en aspectos nuevos.

Jesús debía crecer en autoridad y por eso el Espíritu lo llevó al desierto. Estando allí fue tentado en los tres aspectos básicos de nuestra naturaleza humana:

1. *El aspecto físico*. El diablo dijo a Jesús: «Si eres Hijo de Dios, di a esta piedra que se convierta en pan» (Lucas 4.3).

Jesús debía ser probado en sus apetitos para recibir autoridad. Él estaba ayunando y hacía cuarenta días que no ingería alimentos. Dios permitió que el diablo lo tentara presentándole una oportunidad de satisfacer su hambre física. Pero Jesús respondió con las Escrituras:

> Escrito está: No solo de pan vivirá el hombre, sino de toda palabra de Dios (Lucas 4.4).

¿Cómo podía Jesús ser el pan de vida si no pasaba este examen? En lugar de hambre y sed, Él recibió del Padre autoridad para multiplicar el pan y, sin buscar ganancias egoístas, darlo a los necesitados. También recibió autoridad del Padre para negar sus deseos y poner la voluntad de su Padre en primer lugar.

Si usted analiza las características de su propio desierto (las tentaciones que está experimentando), verá que Dios le da autoridad en las esferas en que lo está probando.

En todos mis años de ministerio me he preguntado por qué Dios ha permitido que pase por momentos de pruebas económicas, de dolor por el desprecio y las afrentas, y de enfrentamientos con personas que cuestionan la validez de mi ministerio y mi carácter. Hoy entiendo que Dios me debe examinar en esos mismos aspectos para que Él me dé autoridad, firmeza, carácter y control sobre apetitos egoístas.

2. *El aspecto sicológico.* Satanás llevó a Jesús a Jerusalén, lo colocó sobre la cima del templo y le dijo: «Si eres Hijo de Dios, échate de aquí abajo; porque escrito está: A sus ángeles mandará acerca de ti, que te guarden; y, en las manos te sostendrán, para que no tropieces con tu pie en piedra» (Lucas 4.9-10).

El pináculo era un lugar alto en el edificio del templo de Jerusalén. Jesús fue tentado a saltar esperando que Dios enviara ángeles para salvarlo de la muerte. Para colmo, el diablo le citó la Biblia (Salmo 91.11-12). Después de todo, Jesús había declarado que Él vivía por la Palabra de Dios. Por lo tanto, Satanás lo probó citándole la Palabra de Dios, el Salmo 91. Esta fue una tentación sicológica. Satanás retó a Jesús a creer en una promesa bíblica. Si saltaba, Dios debía salvarlo.

> Respondiendo Jesús le dijo: Escrito está:
> No tentarás al Señor tu Dios (Lucas 4.12).

Cuando tomamos una decisión pensando en que Dios nos respaldará porque hemos encontrado una promesa en la Biblia, podemos estar tentando a Dios. Desafiamos a Dios cuando tomamos una decisión personal sin su aprobación y fuera de su tiempo. De la única manera en que

Jesús habría saltado es si su Padre le hubiera ordenado hacerlo. Aunque tenía una promesa bíblica, Él solo obedecía la voz de su Padre.

Cuántas veces he sentido la tentación de tomar decisiones que posiblemente otros compañeros en el ministerio tomaron y tuvieron éxito. Muchos cristianos esperan que Dios haga en ellos lo mismo que hace en otros. Así no es como funcionan las cosas de Dios, ya que Él tiene un propósito muy específico con cada uno de nosotros.

Unos días después de la tentación de Satanás, Jesús tuvo una experiencia muy peculiar. Después de predicar en la sinagoga de Nazaret, los judíos se enojaron con Él y lo llevaron hasta la cumbre del monte sobre la cual estaba edificada la ciudad. Lo llevaron hasta este lugar para despeñarlo, «mas Él pasó por en medio de ellos, y se fue» (Lucas 4.30).

Personalmente creo que Dios transportó a Jesús y lo salvó de la muerte. Este fue el momento en que Jesús confió en el Salmo 91, que habla de las promesas de la protección de Dios. Sin embargo, cuando el diablo lo retó, no era tiempo de creer sino de ser probado. Jesús recibió autoridad para hacer las obras del Padre porque aprendió a discernir los deseos y los tiempos de Dios.

3. *El aspecto espiritual*. Satanás llevó a Jesús a un monte alto, le mostró todos los reinos de la tierra y le dijo: «A ti te daré toda esta potestad, y la gloria de ellos; porque a mí me ha sido entregada, y a quien quiero la doy. Si tú postrado me adorares, todos serán tuyos» (Lucas 4.5-7).

Jesús fue tentado en el aspecto central de su vida espiritual. El centro de la vida espiritual es aquel a quien se adora o quien es el centro de adoración. El diablo presentó a Jesús todos los reinos de la tierra, reinos que Él hubiera podido tomar y reclamar como posesión de Dios y dejar a Satanás sin nada.

Sin embargo, Jesús respondió al diablo:

> Vete de mí Satanás, porque escrito está: Al Señor tu Dios adorarás, y a Él solo servirás (Lucas 4.8).

Satanás quería interesar a Jesús en los reinos, para que fueran de Dios, pero Jesús no estaba interesado en este logro o conquista. Él era un adorador y el centro de su vida era la adoración a su Padre.

Cuántas veces el diablo nos tienta, proponiéndonos logros que pueden ser victorias para el Reino de Dios. Pero para lograr esas victorias debemos pagar precios muy altos al perder amistades, tiempo, esfuerzos físicos, dinero, paz, etc.

La voz de Dios en su vida será su victoria.

Dios no está interesado en que conquistemos grandes cosas para Él, sino en que vivamos en adoración y servicio a Él. Por obediencia al Padre, Jesús recibió autoridad para ofrecer su vida como sacrificio.

En resumen, el secreto de la victoria de Jesús en el desierto fue que oyó la voz del Padre y respondió con las palabras de su Padre. La única arma que usó en el desierto fue: «Escrito está».

El Padre abrió los cielos en el Jordán y habló, pero esta no fue la única ocasión en que lo hizo. Continuó hablando con el Hijo hasta su último suspiro en la cruz. El Espíritu Santo hizo morada en Jesús y el Padre le reveló su voluntad. Por eso venció y caminó sus años de ministerio con cielos abiertos.

Eso es precisamente lo que anhelaba Dios para el pueblo de Israel y lo que también quiere para nosotros. Pero debemos estar dispuestos a escuchar la voz del Padre.

Dios habló a Israel y quiere hablarle a usted

El deseo de Dios para los israelitas en el desierto se condensa en Éxodo 15.26:

> Si oyeres atentamente la voz de Jehová tu Dios, e hicieres lo recto delante de sus ojos, y dieres oído a sus mandamientos, ninguna enfermedad de las que envié a los egipcios te enviaré a ti; porque yo soy Jehová, tu sanador.

La voluntad de Dios en el desierto y en las aguas amargas de Mara era que aprendieran a oír y obedecer su voz. ¡Dios los llevó al desierto para hablarles!

Asimismo en su caso, Dios lo guía a un desierto porque quiere hablarle, sanarlo, darle autoridad en las esferas de prueba y comunicarse con usted. Sin embargo, la intención de Dios no es hablarle solo en el desierto. Él quiere

hacer una habitación en su vida para hablarle constantemente. La voz de Dios en su vida será su victoria.

El propósito de los desiertos de sufrimiento por los que
pasamos es que Dios nos hable y establezca una habitación
permanente en nuestras vidas.

Dios llevó a Israel al desierto para darle las instrucciones de la edificación del tabernáculo. Este no era un
edificio religioso ni el símbolo de la religión judía, sino el
lugar de reunión entre Dios y su pueblo. Él quería habitar
en medio de su pueblo.

Propósito de Dios para Israel

Los formulismos religiosos no conducen a la verdadera
adoración.

> Así ha dicho Jehová de los ejércitos, Dios
> de Israel: Añadid vuestros holocaustos sobre
> vuestros sacrificios, y comed la carne. Porque
> no hablé yo con vuestros padres, ni nada les
> mandé acerca de holocaustos y de víctimas el
> día que los saqué de la tierra de Egipto. Mas
> esto les mandé, diciendo: Escuchad mi voz, y
> seré a vosotros por Dios, y vosotros me seréis
> por pueblo; y andad en todo camino que os
> mande para que os vaya bien (Jeremías 7.21-
> 23).

La preocupación más grande de los israelitas eran los
rituales, los sacrificios y la forma del culto a Dios. Hasta
el día de hoy, me sorprendo al ver lo minuciosos que son
los judíos en su servicio a Dios. Se preocupan en lo más

mínimo desde cómo se leen las Escrituras, cómo se ora, cómo se visten, qué tocan, hasta qué comen, etc.

Los religiosos se preocupan obsesivamente de estas cosas porque creen que así agradan a Dios y que Él se complace con su obediencia. Esa era la queja de Dios contra Israel.

Él quería habitar en medio de su pueblo.

Después de muchos años de historia, Dios dice a su pueblo a través del profeta Jeremías que la excesiva atención a los sacrificios de animales no era lo que deseaba, ni era el propósito que tenía para ellos. La intención de Dios era que su pueblo aprendiera a oír su voz para que luego le obedeciera. Dios no los sacó de Egipto para que fueran el pueblo de la religión judía ni el pueblo de los sacrificios. Los sacó de Egipto para que fueran su familia y su habitación en la tierra.

Los hijos de Dios

Después de la derrota ante Jesús en el desierto, Satanás no lo volvió a tentar en esas esferas. El Padre le dio a Jesús autoridad total sobre Satanás. Luego de ese desierto, Jesús fue enviado a hacer las obras del Padre y hacía lo que le ordenaba.

El Espíritu Santo hizo habitación completa en Jesús, quien comenzó su ministerio como el Hijo de Dios. Los hijos de Dios son los que hacen la voluntad del Padre celestial. Es decir, los que oyen la voz de Dios y permiten que Él haga habitación permanente en sus vidas:

Todos los que son guiados por el Espíritu de
Dios, estos son hijos de Dios ... que habéis
recibido el espíritu de adopción por el cual
clamamos: ¡Abba, Padre! (Romanos 8.14-
15).

A esa unción el apóstol Pablo la llama el espíritu de
adopción, al cual se refiere para ilustrar la nueva relación
del creyente. Esa nueva relación nos da la oportunidad de
experimentar cielos abiertos. Pero antes de experimentar
cielos abiertos, el creyente se somete a los desiertos de
Dios, sabiendo que en ellos le habla.

Los desiertos de hoy

Para concluir este capítulo, deseo hablar del desierto
que muchos cristianos experimentan cuando deben someterse a autoridades exigentes y difíciles. Es posible que
usted sea una mujer que debe someterse a un esposo incon-
verso, un esposo que debe someterse a las enseñanzas
bíblicas acerca de la familia o una persona con un llamado
de Dios y que debe someterse a autoridades que no la
comprenden.

Sufrimos mucho en los momentos de prueba en que
debemos someternos aunque no nos guste. Sin embargo,
Dios nos está preparando para darnos autoridad y para que
veamos cielos abiertos. Él declara que así como Jesús se
sometió: nosotros debemos someternos unos a otros, las
esposas se deben someter a los esposos, los esposos se
deben someter a Cristo, los hijos se deben someter a los
padres, los empleados se deben someter a los patrones.

Dios premiará con autoridad a quienes se someten.

> Mujeres, estad sujetas a vuestros maridos;
> para que también los que no creen a la palabra,
> sean ganados sin palabra por la conducta de
> sus esposas (1 Pedro 3.1).

Dios promete abrir los cielos sobre las esposas sujetas, de tal manera que sus esposos se conviertan sin una palabra. Quiere levantar a miles de mujeres evangelistas y por eso prepara desiertos para que aprenden a ganar almas sin palabras.

Asimismo, Dios promete abrir los cielos sobre los esposos, contestando sus oraciones sin impedimento alguno.

> Maridos, igualmente, vivid con ellas
> sabiamente, dando honor a la mujer como a
> vaso más frágil, y como a coherederas de la
> gracia de la vida, para que vuestras oraciones
> no tengan estorbo (1 Pedro 3.7).

El mandato es que los esposos honren a sus esposas, dándoles el mismo valor que Él les da como coherederas de su gracia.

Dios quiere levantar a miles de hombres que sean testimonio del amor de Él. Para eso prepara desiertos en que aprendemos a demostrar amor, generosidad y respeto a otros, comenzando con nuestras esposas.

Si usted está bajo una autoridad que no comprende su llamado espiritual, no se rebele. Recuerde que Jesús esperó el día de su manifestación. Si espera, el Padre manifestará su complacencia sobre su vida y se deleitará sobre su ministerio.

En esencia

Este capítulo nos llevó a través de aspectos de la vida cristiana que podríamos resumir así:

1. A fin de manifestar su poder, después de sacar a Israel de Egipto, Dios llevó a su pueblo a enfrentarse con aguas amargas.
2. Jesús también pasó por desiertos de disciplinas y mostró total sometimiento a su Padre.
3. Dios permite que cada uno de sus hijos pase por pruebas y desiertos.
4. En medio de las tribulaciones debemos aprender a escuchar la voz del Padre y rendirnos a Él.

Después de la experiencia amarga de Israel, Dios reveló su poder. Después de los cuarenta días de tentación de Cristo, Jesús comenzó su ministerio de poder. Después de toda prueba seremos llenos del Espíritu Santo, según la promesa del Padre.

9

Propósito de la promesa del Espíritu Santo

En la experiencia del Jordán, Jesús recibió la plenitud del Espíritu Santo. Desde ese momento en adelante, el Espíritu Santo lo ungió para cumplir con el propósito de su Padre:

> El Espíritu del Señor está sobre mí, por cuanto me ha ungido para dar buenas nuevas a los pobres; me ha enviado a sanar a los quebrantados de corazón; a pregonar libertad a los cautivos, y vista a los ciegos; a poner en libertad a los oprimidos; a predicar el año agradable del Señor (Lucas 4.18).

Aquí encontramos dos elementos: (1) que la unción del Espíritu Santo no es una experiencia aislada ni una simple bendición, sino que es útil para cumplir con los propósitos divinos; (2) que la voluntad del Padre son sus deseos y designios.

El Padre envió a su Hijo Jesús a cumplir con el propósito de anunciar las buenas nuevas de salvación, liberación y gracia, y para destruir la maldición del pecado que nos separaba de sus buenos deseos.

El deseo del Padre celestial es tener una relación paternal, amorosa y generosa con sus hijos, pero la desobediencia de Adán (es decir, el pecado) obstruye el cumplimiento de este deseo. Entonces Dios envía a Jesús con el fin de restaurar la relación del Padre con sus hijos y para que Él sea el todo en todos.

Para cumplir con los deseos de su Padre, Jesús no solo debía estar lleno de la unción del Espíritu Santo, sino también lleno de la gloria del Padre para hacer las obras de Dios.

Anteriormente hablé de cómo Jesús, teniendo la forma de Dios, se despojó para vivir en forma de siervo. Ese proceso de «despojarse» no le permitía conocer la voluntad de su Padre por sí mismo.

Jesús debía oír constantemente y obedecer la voz de su Padre. Y la muerte de cruz fue el último paso de obediencia a la voluntad de Dios. Los deseos del Padre no se podían cumplir en su totalidad sin la remisión de nuestros pecados, que se debían pagar con el derramamiento de la sangre del Cordero de Dios. Es por eso que Jesús se sometió al Padre puesto que nunca actuó por su propia cuenta. Todo lo contrario, como era uno con el Padre, hacía solo lo que Él le mostraba que hiciese.

Jesús hace lo que hace el Padre

¿Por qué Jesús hacía lo que el Padre le mostraba? El Señor mismo lo explica:

> No puede el Hijo hacer nada por sí mismo, sino lo que ve hacer al Padre; porque todo lo que el Padre hace, también lo hace el Hijo igualmente. Porque el Padre ama al Hijo, y le muestra todas las cosas que Él hace; y mayores obras que estas le mostrará, de modo que vosotros os maravilléis ... No puedo yo hacer nada por mí mismo; según oigo, así juzgo; y mi juicio es justo, porque no busco mi voluntad, sino la voluntad del que me envió, la del Padre (Juan 5.19-20,30).

A partir de su unción, Jesús debía ver todo lo que el Padre hacía y por eso necesitaba tener cielos abiertos. Debía ser la manifestación visible de la gloria del Padre que anunciaba las buenas nuevas, sanaba enfermos, liberaba cautivos, resucitaba muertos y perdonaba pecados.

Cuando los discípulos quisieron ver al Padre, Jesús dijo que al verlo a Él veían al Padre. Jesús fue el único hombre lleno de la gloria del Padre. Por eso el Padre estaba complacido.

El ejemplo del Padre

Como padres nos deleitamos mucho cuando vemos crecer a nuestros hijos. Pero sobre todo nos sentimos complacidos cuando debido a la preparación en el hogar y a nuestro ejemplo, nuestros hijos siguen nuestros pasos y emulan nuestro comportamiento. Qué placer experimentamos como padres cuando ellos nos dicen que desean ser como nosotros.

Jesús deleitó por completo al Padre cuando se sometió al bautismo de Juan y permitir que el Espíritu Santo lo llenara de la gloria de Dios. El Espíritu Santo no solamente lo ungió con poder y con autoridad, sino que lo llenó con la gloria, el corazón y el sentir del Padre.

El Padre necesitaba mostrar a Jesús todas las cosas que hacía en los cielos. Por eso Jesús necesitaba cielos abiertos, es decir perfecta comunicación sin obstáculos. Necesitaba oír la voz de su Padre para juzgar y evaluar toda experiencia en la tierra.

Jesús necesitaba cielos abiertos, es decir perfecta comunicación sin obstáculos.

Jesús también debía cumplir con la voluntad y con los deseos de su Padre. Por eso necesitaba cielos abiertos para conocer el corazón del Padre y recibir la unción del Espíritu Santo.

Jesús hace la promesa del Padre a la Iglesia

Cuando Jesús describió «la promesa del Padre» como el bautismo con el Espíritu Santo, o investimiento de poder de lo alto, no estaba hablando de la salvación, sino de algo más.

Antes de su muerte, Jesús comenzó a despedirse de sus discípulos (Juan 12) y después anunció la traición de Judas (Juan 13). Más tarde los consoló con estas palabras:

> No se turbe vuestro corazón; creéis en Dios, creed también en mí. En la casa de mi Padre muchas moradas hay; si así no fuera, yo os lo hubiera dicho; voy, pues, a preparar lugar para vosotros. Y si me fuere y os preparare lugar, vendré otra vez, y os tomaré a mí mismo, para que donde yo estoy, vosotros también estéis (Juan 14.1-3).

Jesús fue muy claro con sus discípulos. Les dijo que los dejaría, que moriría y que debería ir a la casa de su Padre a prepararles lugar. Ellos se turbaron, pero Él les dio una promesa:

> Si me amáis, guardad mis mandamientos. Y yo rogaré al Padre, y os dará otro Consolador, para que esté con vosotros para siempre: el Espíritu de verdad, al cual el mundo no puede recibir, porque no le ve, ni le conoce; pero vosotros le conocéis, porque mora con vosotros, y estará en vosotros. No os dejaré huérfanos; vendré a vosotros. Todavía un poco, y el mundo no me verá más; pero vosotros me veréis; porque yo vivo, vosotros también viviréis. En aquel día vosotros conoceréis que yo estoy en mi Padre, y vosotros en mí, y yo en vosotros (Juan 14.15-20).

Jesús consoló a sus discípulos con una promesa. Aunque el mundo no lo vería más, ellos sí lo verían. Aunque según la lógica humana Él desaparecería de esta tierra, lo volverían a ver. El Espíritu Santo sería enviado para que Jesús fuera visto y se manifestara. Pero aquí había algo más.

Tres revelaciones

En el día en que el Espíritu Santo fuera enviado, los discípulos sabrían que Jesús estaba en el Padre, ellos estaban en Jesús y Jesús estaba en ellos.

La venida del Espíritu Santo produciría en la vida de la Iglesia tres revelaciones:

Primera: Jesús está en el Padre. La preposición «en» se refiere a la posición de Jesús en lugar, tiempo y estado. Su posición de lugar es *a la diestra del Padre*, su posición de tiempo es *eternamente* y su posición de estado es *Rey de reyes y Señor de señores*.

La posición de Jesucristo glorificado y exaltado es la recompensa de la obediencia y el sacrificio del Hijo de Dios, el cumplimiento de su obra en la tierra y su victoria.

El Espíritu Santo era para los discípulos la prueba de que Jesús había llegado triunfante a los cielos y había ocupado el lugar que le correspondía.

Segunda, la Iglesia está en Jesús. La preposición «en» se refiere a la posición de la Iglesia *en Cristo*. Estar en Cristo significa ser uno con Él. La promesa del Padre era prueba de que Jesús estaba en el Padre y por consiguiente la Iglesia compartía la misma posición.

Somos uno con Jesús en: (1) en su exaltación y en su victoria contra la muerte y contra Satanás, por lo tanto, la victoria de Jesús también es nuestra; (2) compartiendo su trono, sentados en lugares celestiales y con el mismo acceso al Padre; y (3) en nuestra relación con el Padre. Dios nos acepta en el Amado y nos ama con el mismo amor que tiene al Hijo.

Tercera, Jesús está en la Iglesia. La vida, gloria y presencia de Jesús no se manifiestan solo en el cielo, sino también en la Iglesia, es decir, en nuestras vidas.

Jesús está en la Iglesia mediante el Espíritu Santo que vino a: (1) confirmar la victoria final de Cristo en su exaltación y glorificación en nuestras vidas; (2) manifestar la presencia del Cristo glorificado en los corazones de los primeros miembros de la Iglesia; (3) impartir la victoria y la gloria de Cristo en la Iglesia; y (4) impartir el gozo y el poder de la victoria del Cristo sentado en su trono de gloria.

Estas revelaciones son posibles gracias a la promesa del Padre, la misma que Jesús hizo a sus discípulos.

La promesa del Padre

Aunque Jesús caminaba con cielos abiertos a través del Espíritu Santo, todavía no podía bautizar a nadie. En el poder del bautismo en el Espíritu debía, en primer lugar, encontrarse cara a cara con la tentación y vencerla. Segundo, debía vivir los siguientes tres años y medio en el poder del Espíritu, manifestando la gloria del Padre. Y, en tercer lugar, debía ofrecerse a Dios en sacrificio.

El Padre deseaba restaurar la relación con sus hijos, pero Jesús debía llevar una vida perfecta y morir en la cruz. Solo después de la obediencia final de Jesús, el Padre le daría al Hijo la autoridad de dar a otros este mismo poder, que es la unción de los cielos abiertos.

Jesús enseñó a los discípulos «por el Espíritu Santo ... durante cuarenta días» (Hechos 1.2,3) y antes de regresar al cielo, les recordó la promesa del Padre:

> Estando juntos les mandó que ... esperasen la promesa del Padre. Porque Juan ciertamente bautizó con agua, mas vosotros seréis bautizados con el Espíritu Santo dentro de no muchos días (Hechos 1.4-5).

> Enviaré la promesa de mi Padre sobre vosotros; pero quedaos vosotros en la ciudad de Jerusalén, hasta que seáis investidos de poder desde lo alto (Lucas 24.49).

A partir de este momento, los discípulos debían continuar con la misión de Cristo en la tierra. Sin embargo, solos nada podían hacer. Debían esperar a recibir la unción del Espíritu Santo.

La llenura de Jesús y de la Iglesia

Los discípulos necesitaban ver los cielos abiertos sobre sus vidas y recibir la promesa del Padre: el Espíritu Santo. El mismo Espíritu Santo que recibió Jesús en el Jordán era también para la Iglesia y Jesús mismo la bautizaría con el Espíritu Santo.

> Sobre quien veas descender el Espíritu y
> que permanezca sobre Él, ese es el que bautiza
> con el Espíritu Santo (Juan 1.33).

La Iglesia debería cumplir con la misión de ser testigo
de Cristo en la tierra. Para esto necesita el poder del Espíritu Santo, es decir los cielos abiertos.

Jesús recibió la llenura de toda la Iglesia, que es todo lo
que necesita para caminar con cielos abiertos. Una vez que
Cristo recibió en sí mismo la promesa del Padre, estuvo
listo para impartirla. Él es el bautizador y el que imparte
cielos abiertos.

El apóstol Pedro, en relación a Jesús, dice:

> Exaltado por la diestra de Dios, y habiendo
> recibido del Padre la promesa del Espíritu
> Santo, ha derramado esto que vosotros veis y
> oís (Hechos 2.33).

Cuando Jesús ascendió a los cielos, Dios lo hizo «Señor
y Cristo» (Hechos 2.36) y recibió la promesa del Padre: el
bautismo del Espíritu Santo. En el Jordán había recibido la
llenura del Espíritu para cumplir con la voluntad de su
Padre. En el cielo, recibió la llenura del Espíritu para que
nosotros cumpliéramos con su voluntad en la tierra. Para
que nosotros pudiéramos disfrutar de los cielos abiertos.

Ventajas de los cielos abiertos

Cuando los cielos se abrieron sobre la Iglesia, se
cumplió la promesa de Jesús a sus discípulos:

De aquí en adelante veréis el cielo abierto,
y a los ángeles de Dios que suben y descienden
sobre el Hijo del Hombre (Juan 1.51).

Jesús dijo que la manifestación de cielos abiertos se vería sobre el Hijo del Hombre. Los cielos abiertos tienen que ver con la manifestación del Cristo glorificado. Las manifestaciones angelicales estarían basadas en la persona de Cristo y en la victoria del Hijo de Dios.

Hagamos ahora un recuento de los beneficios que reportan los cielos abiertos:

- Los ángeles, como ejército celestial, manifiestan el poder, la gloria y el triunfo del victorioso Jesús.

- La gloria del Cristo glorificado no se manifiesta en el trono celestial, sino que se manifiesta subiendo y bajando desde la tierra al cielo y desde el cielo a la tierra.

- Nuestra adoración, alabanza, oración e intercesión se basan exclusivamente en la victoria de Cristo glorificado y sube como olor fragante y sacrificio aceptable.

- Nuestra adoración no sube por una escalera, sino que asciende en la presencia de Cristo en medio de nosotros.

- nuestra alabanza sube a la presencia del trono de Dios como el grito victorioso de una iglesia más que vencedora.

- La oración sube al trono de gracia y lo llena con incienso agradable que deleita el corazón del Padre.

♦ Nuestra alabanza y oración no sube mediante técnicas humanas ni esfuerzos intelectuales y emocionales, sino que sube en la fe sencilla de un corazón seguro de que la victoria de Jesús es total, incuestionable, absoluta y real.

♦ Nuestro culto, que es la exaltación espiritual genuina del Cristo glorificado, llega al trono del Padre. Cuando llega nuestro culto, el Padre se deleita y proclama su complacencia.

♦ Desciende la vida del Jesús glorificado y exaltado. La victoria de Cristo contra la muerte, el pecado, el mundo y Satanás no está limitada al cielo. Los logros y la victoria de Cristo descienden desde el cielo hacia la tierra y hacia nuestras vidas.

♦ El poder de la vida, que derrota al poder de la muerte, desciende para manifestarse contra cualquier fuerza, influencia, idea o demonio en nuestras vidas.

♦ La gloria de la victoria de Cristo se manifiesta en nuestras vidas como testimonio al mundo.

♦ La victoria del Cristo glorificado desciende de los cielos para manifestarse en nuestras vidas contra toda tentación, contra todo plan satánico de destrucción y contra lo que impida el conocimiento de Dios.

♦ La vida y las actividades del cielo se manifiestan en la tierra.

En fin, cuando los cielos se abrieron, la Iglesia pudo dar el mensaje de reconciliación.

Reconciliación con Dios

Jesús vino a hacer las obras del Padre y por eso fue lleno de la gloria de Dios a través del Espíritu Santo. El cristiano viene a hacer las obras de Jesús y por eso debe ser lleno de la gloria del Cristo glorificado, a través del Espíritu Santo. Esto sucedió en el día de Pentecostés cuando los cielos se abrieron en la Iglesia. Jesús cumplió con la voluntad del Padre de reconciliar al pecador con Dios. El cristiano cumple con toda la voluntad del Hijo:

> [Dios] nos reconcilió consigo mismo por Cristo, y nos dio el ministerio de reconciliación; que Dios estaba en Cristo reconciliando consigo al mundo, no tomándoles en cuenta a los hombres sus pecados, y nos encargó a nosotros la palabra de la reconciliación. Así que, somos embajadores en nombre de Cristo, como si Dios rogase por nosotros; os rogamos en nombre de Cristo: Reconciliaos con Dios (2 Corintios 5.18-20).

El Padre reconcilió al mundo consigo mismo por medio del sacrificio de su Hijo. Jesús reconcilió al mundo con el Padre despojándose de sus atributos divinos y obedeciendo a su Padre hasta la muerte. El cristiano reconcilia al mundo con Dios, siendo embajador en nombre de Cristo.

Jesús como prioridad

Posiblemente usted se está preguntando: ¿Cómo puedo

ser un embajador en nombre de Cristo y experimentar cielos abiertos en mi vida? Jesús tiene una respuesta sencilla:

> Si alguno tiene sed, venga a mí y beba. El que cree en mí, como dice la Escritura, de su interior correrán ríos de agua viva. Esto dijo del Espíritu que habían de recibir los que creyesen en Él; pues aún no había venido el Espíritu Santo, porque Jesús no había sido aún glorificado (Juan 7.37-39).

El primer requisito para ser embajador de Jesús es tener sed de la vida del Cristo glorificado que está sentado a la diestra del Padre y que tiene toda autoridad en los cielos y en la tierra. El segundo requisito es beber de Cristo. Bebemos de Él cuando creemos sin dudar en Él y en sus promesas y fijamos nuestros ojos solo en Cristo Jesús sentado a la diestra del Padre. Creer en Jesús es desarrollar una vida de comunión con Él como prioridad, rendirse a su Palabra y confiar en su fidelidad.

El cristiano reconcilia al mundo con Dios, siendo embajador en nombre de Cristo.

¿Se ha conformado usted con tener fe en la cruz y en el perdón de sus pecados? ¡Crea en aquel que bautiza con el Espíritu Santo! Crea por fe que la gloria del Señor Jesús se manifiesta en su vida con el poder del Espíritu Santo. Los ríos de agua viva, es decir los cielos abiertos, se manifiestan en quienes se humillan al señorío del Espíritu Santo y esperan en Él. Los ríos de agua viva representan la vida del Cristo resucitado y exaltado que reina como Señor y Rey.

Cristo glorificado en su vida

En el capítulo seis hablé del velo que quizás esté cubriendo nuestros corazones para que la vida de Cristo no se manifieste a un mundo que está muerto. El Cristo glorificado nos ha salvado y habita en nuestros corazones para manifestar su poder y victoria. Pero hay un velo que lo cubre, como sucedía en el templo de Jerusalén o en el tabernáculo de Moisés. La gloria de Dios se manifestaba en el Lugar Santísimo, pero había un velo que no permitía que se viera.

Dijimos que el velo de nuestra carne, de nuestra humanidad y de nuestras dudas se removía y se rasgaba haciéndolo girar hacia el Espíritu Santo. Cuando estamos sedientos de esa revelación y creemos que es para nosotros, el Espíritu Santo se encarga de glorificar a Jesús en nuestras almas.

En ese momento usted comienza a:

♦ Fijar su mirada en la obra completa de Cristo sobre toda manifestación de la carne.

♦ Creer que Cristo tiene absoluto poder sobre todo lo que se opone a su crecimiento.

♦ Ver la cercanía de la presencia de Dios.

♦ Vivir en el descanso de la protección del Cristo victorioso.

♦ Habitar en el Lugar Santísimo o lugar de intimidad.

Será entonces cuando verá los cielos abiertos manifestándose en la tierra. Esta manifestación será como un río de aguas vivas que corren, fluyen e imparten vida a quien se sumerge en él.

En esencia

El Espíritu Santo es vital para la Iglesia. En este capítulo analizamos que:

1. Para cumplir con los propósitos de Dios es necesaria la unción del Espíritu Santo.
2. La promesa del Padre es el Espíritu Santo.
3. Con el Espíritu Santo somos uno con el Padre y el Hijo.
4. Con el Espíritu Santo tenemos las ventajas de los cielos abiertos.

Aunque creemos en la promesa del Padre, no hemos estado experimentándola en su plenitud. Estos son los días en que vamos a ver esta promesa cumplida. Dios está ungiendo su ejército.

10

Dios unge a su ejército

En en libro de los Hechos se encuentra el modelo de iglesia que caminaba continuamente bajo cielos abiertos y que Dios ha querido usar siempre en las naciones. Allí se narra lo que sucedió en Éfeso, cuando se abrieron los cielos sobre la ciudad.

Veamos la progresión de este pasaje:

1. Pablo llegó a Éfeso, se encontró con cerca de doce discípulos y les preguntó: «¿Recibisteis el Espíritu Santo cuando creísteis?» (Hechos 19.2).

El bautismo que estas personas recibieron fue el de Juan, es decir, en el bautismo de arrepentimiento.

2. Juan había bautizado a muchos judíos y les decía que creyeran en Jesús el Cristo (véase Hechos 19.4). Como Pablo tenía la encomienda de conquistar la ciudad de Éfeso, impuso las manos sobre estos creyentes y oró para que fueran llenos del Espíritu Santo.

De la misma manera en que Jesús fue lleno en el Jordán, estos hombres recibieron la plenitud del poder y la unción del Espíritu y hablaron en otras lenguas y profetizaron (véase Hechos 19.6).

3. Después de la plenitud del Espíritu Santo en los discípulos, Pablo predicó el mensaje del Reino y anunció la llegada de este a las naciones: «Entrando Pablo en la sinagoga, habló con denuedo por espacio de tres meses, discutiendo y persuadiendo acerca del reino de Dios» (Hechos 19.8).

El Espíritu Santo impulsa al ejército a invadir las ciudades anunciando que Jesús es el Rey y que quiere reinar sobre toda vida.

4. Junto con el anuncio del mensaje del Reino, el nombre de Cristo fue glorificado con maravillas notables:

> Hacía Dios milagros extraordinarios por mano de Pablo, de tal manera que aun se llevaban a los enfermos los paños o delantales de su cuerpo, y las enfermedades se iban de ellos (Hechos 19.11-12).

Cuando los cielos se abren sobre una ciudad, Dios comienza a respaldar la predicación del evangelio con sanidades milagrosas. Jesús prometió que las señales seguirían a los que creen (Marcos 16.17).

El propósito de las señales en la conquista de una ciudad es simplemente mostrar evidencia del señorío de Jesús sobre las enfermedades que son producto del pecado.

5. Bajo cielos abiertos, el mundo espiritual es dominado. La Iglesia vence a los espíritus malos de la ciudad. Cuando esto sucede, la conmoción del mundo demoníaco es la mejor propaganda para el evangelio.

> Pero algunos de los judíos, exorcistas ambulantes, intentaron invocar el nombre del Señor Jesús sobre los que tenían espíritus malos, diciendo: Os conjuro por Jesús, el que predica Pablo. Había siete hijos de un tal Esceva, judío, jefe de los sacerdotes, que hacían esto. Pero respondiendo el espíritu malo, dijo: A Jesús conozco, y sé quien es Pablo; pero vosotros, ¿quiénes sois? Y el hombre en quien estaba el espíritu malo, saltando sobre ellos y dominándolos, pudo más que ellos, de tal manera que huyeron de aquella casa desnudos y heridos. Y esto fue notorio a todos los que habitaban en Éfeso, así judíos como griegos; y tuvieron temor todos ellos, y era magnificado el nombre del Señor Jesús (Hechos 19.13-17).

El espíritu malo que estaba en el hombre de Éfeso declaró que «conocía a Jesús». Si parafraseamos esta expresión, hubiera dicho algo así: «Tengo experiencia con Jesús y sé cuales son las consecuencias de un enfrentamiento con Él». Cuando el demonio declaró esta verdad, se supo en toda la ciudad y el nombre de Jesús fue magnificado. Bajo cielos abiertos hasta los demonios predican acerca del poder de Jesús.

6. Cuando se abren los cielos sobre una ciudad y los demonios son atados, se manifiesta el arrepentimiento en la Iglesia: «Muchos de los que habían creído venían, confesando y dando cuenta de sus hechos» (Hechos 19.18).

Pienso que las actitudes de orgullo y de apariencias religiosas son el producto de la obra satánica dentro de la Iglesia. Pero cuando el Señor se magnifica, los cristianos son los primeros en confesar cualquier pecado escondido o las actitudes secretas del corazón.

7. La predicación ungida del evangelio del Reino, los milagros y el dominio sobre el mundo demoníaco en Éfeso causó un gran disturbio: «Hubo por aquel tiempo un disturbio no pequeño acerca del Camino» (Hechos 19.23).

La ciudad de Éfeso era el cuartel general del culto de la diosa Diana. Allí estaba el templo de este ídolo y además se asentaba toda la estructura religiosa de la región. Debido a los cielos abiertos sobre Éfeso, el culto de Diana comenzó a perder popularidad.

Entonces Demetrio, un platero que hacía templecillos de Diana, organizó una gran protesta por la influencia de los cristianos. Los artífices perdían mucho dinero porque la gente ya no compraba sus productos. El principado sobre esa ciudad, llamado Diana, se había derrotado.

La ciudad se llenó de confusión y todos los seguidores

de Diana se fueron al teatro para protestar. Allí pidieron la destrucción de la Iglesia y la muerte de Pablo. Sin embargo, un escribano les salió al paso: «Es necesario que os apacigüéis, y que nada hagáis precipitadamente. Porque habéis traído a estos hombres sin ser sacrílegos ni blasfemadores de vuestra diosa» (Hechos 19.36-37).

Bajo cielos abiertos, el mundo espiritual es dominado.

Cuando hay cielos abiertos sobre una ciudad ni siquiera es necesario mencionar a los principados por su nombre. Pablo y la iglesia no necesitaban impartir seminarios acerca de las artimañas y creencias de la religión de Diana, y ni siquiera mencionaron esa falsa religión. ¡No hizo falta! Dios abrió los cielos y el culto a Diana quedó derrotado.

No cabe duda, cuando los cielos se abren, se vence al enemigo. Pero es necesario mantener viva la llama del primer amor.

Las primeras obras

La iglesia de Éfeso es el modelo de iglesia que caminaba con cielos abiertos. Sin embargo, treinta años después de esta experiencia, Jesús le dice a la misma iglesia:

> Yo conozco tus obras, y tu arduo trabajo y paciencia; y que no puedes soportar a los

malos, y has probado a los que se dicen ser apóstoles, y no lo son, y los has hallado mentirosos; y has sufrido, y has tenido paciencia, y has trabajado arduamente por amor de mi nombre, y no has desmayado. Pero tengo contra ti, que has dejado tu primer amor. Recuerda, por tanto, de dónde has caído, y arrepiéntete, y haz las primeras obras; pues si no, vendré pronto a ti, y quitaré tu candelero de su lugar, si no te hubieres arrepentido ... El que tiene oído, oiga lo que el Espíritu dice a las iglesias. Al que venciere, le daré a comer del árbol de la vida, el cual está en medio del paraíso de Dios (Apocalipsis 2.2-5,7).

Este es el llamado a la Iglesia: Jesús nos llama a volver al primer amor, que es hacer las primeras obras. Estas son las obras que hicieron los creyentes en Éfeso para que los cielos se abrieran:

- Creyeron y fueron bautizados en el nombre del Señor Jesucristo.

- Recibieron la plenitud del Espíritu Santo.

- Predicaron con denuedo el mensaje del evangelio del Reino.

- Oraron por los enfermos y vieron maravillas.

- Tomaron dominio sobre los demonios y los echaron fuera.

- Derrotaron al principado de la región, declarando el señorío de Cristo como Rey.

Es necesario que la Iglesia mantenga sus victorias porque ya está a la puerta el día en que el ejército de Dios se va a lanzar a la conquista del mundo para Cristo.

La conquista

Por el libro de Josué sabemos que los israelitas finalmente pasaron el Jordán y entraron a la tierra prometida. Sin embargo, tenían un gran desafío por delante: *la conquista*. Dios nos ha dado preciosas promesas, pero igual que sucedió con el pueblo de Israel, debemos conquistarlas.

El libro de los Jueces nos relata la conquista de Canaán. En el capítulo uno, Dios descubre su estrategia: Primero subiría Judá a derrotar a los pueblos que habitaban el territorio. Luego seguirían las demás tribus para «arrojarlos» del territorio. Dios deseaba usar a todo el pueblo en la conquista, que no pertenecía a ningún líder, tribu o clan en particular. Cada uno tenía su parte. Dios había ungido a todo Israel para derrotar al enemigo y arrojarlo, despedirlo y arrancarlo de su territorio.

¿Qué sucedió en la conquista? Los israelitas desobedecieron a Dios y no siguieron la estrategia divina. Dios había ordenado a Judá subir primero a pelear contra el campamento de los cananeos. Sin embargo, este buscó ayuda humana y pidió ayuda a su hermano Simeón (véase Jueces 1.2-3).

Cuando las demás tribus entraron en el territorio de sus enemigos derrotados, no los arrojaron, sino que los retuvieron como inquilinos para trabajar la tierra (véase

Jueces 1.21). La desobediencia del pueblo trajo graves consecuencias a Israel.

Como cristianos, debemos ser obedientes y rendirnos a Dios porque Él desea abrir los cielos sobre cada hijo suyo.

Dios desea ungir a su pueblo

¡Qué triste! No hay demonio suficientemente poderoso para oprimir a un cristiano. No obstante, cuando por causa de la desobediencia Dios nos entrega en las manos de opresores, sufrimos dolorosas consecuencias.

Israel clamó y Dios levantó jueces. Estos fueron hombres y mujeres ungidos que derrotarían al enemigo. ¡Gloria a Dios por los hombres y mujeres que se han levantado para traer liberación, bendición y salvación al pueblo de Dios!

En este punto debo ser sincero. Dios levantó esos jueces debido a que el pueblo desobedeció su plan original. Su deseo inicial era usar al pueblo en la conquista de la tierra y en la destrucción total del enemigo.

Al principio del libro de los Jueces todo el pueblo peleaba y al final el único que peleaba era Sansón. ¡Qué tragedia!

En los últimos años en la Iglesia del Señor hemos visto cómo Dios ha levantado muchos hombres y mujeres ungidos para llevar liberación y salvación a las naciones. Ha tenido que levantar esas personas para restaurar verdades que se habían pasado por alto y se habían perdido gradualmente en la Iglesia.

Estos individuos que Dios ha tenido que levantar son hombres y mujeres con dones de sanidades, con ministerios de unción, poder y liberación. Con carga evangelística y con celo por la verdad de la Palabra de Dios. Él levantó estos instrumentos porque hemos olvidado orar por los enfermos, tomar autoridad sobre demonios, predicar el evangelio en las calles y estudiar y escudriñar las Escrituras, así como hemos olvidado depender de Él. Gracias a Dios por estos líderes que Él ha ungido.

Él desea abrir los cielos sobre cada uno de sus hijos.

Sin embargo, hoy día Dios también está ungiendo a su pueblo. No desea ungir solo a ciertas personas para que paguen el precio de la unción y sientan carga por la obra de Dios, sino que desea ungir a todo su pueblo para la conquista de los últimos días. Él desea abrir los cielos sobre cada uno de sus hijos.

La unción es para todos

Los cielos ya no se abren solo para ciertos hombres y mujeres que se atreven a creer en Dios, que se entregan con total abandono y que permiten al Espíritu Santo que se enseñoree en ellos. En la actualidad, los cielos se deben abrir sobre todo creyente, es decir, sobre todo hijo de Dios.

De la misma manera que los cielos se abrieron sobre Cristo para hacer las obras de su Padre, también se deben abrir sobre cada cristiano para hacer las obras de Cristo. Jesús prometió que haríamos obras mayores, porque Él iría al Padre y se haría todo lo que pidiéramos en su nombre.

Como predicador y ministro siempre he sabido que mi responsabilidad frente al pueblo es de ministrar lo que Dios me da. Mi función principal ha sido recibir de Dios a través de la comunión, la oración y la búsqueda de la Palabra. En ese proceso he recibido poder, unción y verdad para compartir con el pueblo necesitado. Sin embargo, Él está cambiando su estrategia y está ungiendo a su pueblo.

Por ejemplo, en el ministerio donde sirvo a Dios desde hace varios años he estado ministrando junto a un grupo de más de cincuenta empleados. Aunque estos hombres y mujeres de Dios han trabajado arduamente, yo era el ungido, el portavoz y a quien Dios usaba. Hace varios meses el Espíritu Santo me llevó a estudiar el libro de los Jueces con el personal que trabaja conmigo y juntos nos dimos cuenta de que Dios deseaba ungirnos a todos para la conquista.

Hoy día vemos que están desapareciendo las «estrellas» y que Dios utiliza a su pueblo en los avivamientos que está derramando sobre las iglesias de Toronto, Pensacola, Buenos Aires y Bogotá, por citar algunas.

Quien ministra es el Espíritu Santo

Hace unos meses visité la bendecida iglesia Toronto Airport Fellowship. Allí no brillaba nadie. El pastor estaba sentado en la primera fila, vestido como cualquier otro miembro. Al final de la reunión me coloqué cerca del altar, para ser uno de los primeros en pasar al frente y recibir ministración cuando se hiciera la respectiva invitación.

Mi deseo era que el predicador orara por mí con imposición de manos. Cuando llegó el momento, el predicador desapareció y yo me quedé esperando en al altar. De repente aparecieron alrededor del templo más de doscientas personas miembros de la iglesia local que estaban designados para orar por los que habíamos pasado.

Cerca al grupo donde estaba habían puesto a un joven de la iglesia local que tenía el pelo largo y vestía pantalones «jeans» y una camiseta. Pensé: *Este muchachito no va a orar por mí, quiero que sea un pastor o el mismo predicador*. El Espíritu Santo me reprendió rápidamente y me hizo sentir que Él era el que me ministraría y no un hombre.

Cerré los ojos y no me acuerdo quién me ministró, pero puedo asegurar que recibí un toque poderoso del Espíritu. Mi vida fue transformada de nuevo. La unción no estaba depositada solo en el predicador ni en algunos elegidos. Los cielos estaban abiertos en toda esa congregación.

La ministración en la emisora

Durante el mes de octubre de 1997, el Espíritu Santo confirmó esta verdad a mi corazón. Miles de personas que llegaban de toda el área metropolitana de Nueva York pasaron en esas semanas por nuestra emisora de radio. Tuvimos que detener nuestro trabajo para ministrarlas y decidimos que todo el personal de la radio trabajara solo dos horas diarias para así ministrar a los que llegaban en busca de un toque de Dios. Fue glorioso ver que más de treinta de nuestros empleados llegaban por la mañana a su trabajo preparados espiritualmente para ser de bendición a otros.

La nueva Jerusalén

El deseo de Dios es glorificarse a través de todo su pueblo y no solo a través de ciertos elegidos. El tiempo de algunos elegidos se terminó. Este es tiempo de conquista que llevará a cabo un pueblo: la Iglesia del Señor Jesucristo. Aunque le damos la gloria a Dios por los hombres que ha usado con gran unción, sabemos que Él está levantando un ejército que manifestará su gloria en las naciones.

Dios está abriendo los cielos sobre un pueblo de conquista:

> Las naciones que hubieren sido salvas andarán a la luz de ella [la nueva Jerusalén]; y los reyes de la tierra traerán su gloria y honor a ella. Sus puertas nunca serán cerradas de día, pues allí no habrá noche. Y llevarán la gloria y la honra de las naciones a ella (Apocalipsis 21.24-26).

Las naciones adorarán en la nueva Jerusalén al Señor Todopoderoso y al Cordero, ofreciendo su gloria y su honra. Cada nación traerá su gloria y su honra particular.

Dios le ha dado a cada nación de esta tierra una gloria y una honra espiritual.

Asimismo, ha dotado a cada iglesia con las armas espirituales para ser parte del ejército de Dios.

El ejército de Dios

De la misma manera que Japón se conoce en todo el mundo por su electrónica, Alemania por la exactitud técnica, Italia por su cocina, Argentina por su carne, Méjico por su música y Grecia por su filosofía, cada nación ha recibido de Dios una gloria y una honra espiritual.

Dios levantará a la iglesia de cada nación para que camine y conquiste usando las capacidades espirituales que ha recibido. El ejército de Dios en los últimos días no usará estrategias, talentos ni capacidades humanas, sino que se moverá de cuadra en cuadra, de pueblo en pueblo, de ciudad en ciudad y de nación en nación conquistando almas y destruyendo las obras de diablo. Este ejército se moverá bajo cielos abiertos y lo guiará la misma gloria de Dios.

¿Cómo será el ejército de Dios?

El profeta Joel advierte: «Tocad trompeta en Sion, y dad alarma en mi santo monte» (Joel 2.1).

Antes de que el ejército de Dios se levante, el espíritu de profecía declara que se toque trompeta en Sion. El cuerno de carnero se tocaba con el propósito de reunir al pueblo para la guerra.

En la Biblia, Sion siempre representa al pueblo de Dios
(la Iglesia). En el monte santo se debe dar alarma. La
alarma se toca como preparación para la guerra y la
conquista.

> Día de tinieblas y de oscuridad, día de nube
> de sombra; como sobre los montes se extiende
> el alba, así vendrá un pueblo grande y fuerte;
> semejante a él no lo hubo jamás, ni después de
> él lo habrá en años de muchas generaciones
> (Joel 2.2).

Dios levantará a la iglesia de cada nación para que camine y conquiste usando las capacidades espirituales que ha recibido.

Este ejército se levantará en días difíciles de tinieblas.
Pero será un ejército grande y fuerte sin precedentes. Dios
nunca ha comisionado un ejército como el de los últimos
días.

> Delante de él consumirá fuego, tras de él
> abrasará llama; como el huerto del Edén será
> la tierra delante de él, y detrás de él como
> desierto asolado; ni tampoco habrá quien de él
> escape (Joel 2.3).

La expresión «consumirá fuego» es muy común en la
Biblia y se usa cuando se habla del fuego que en el monte
Sinaí consumía la zarza de Moisés. Esa era la gloria de
Dios que se manifestaba como fuego. Así mismo, este

fuego consumidor es la gloria de Dios en la boca de este ejército que declarará la Palabra de Dios sobre las naciones. Con la palabra de fuego se consumirá cualquier cosa aunque sea semejante al huerto de Edén.

> Su aspecto, como aspecto de caballos, y como gente de a caballo correrán. Como estruendo de carros saltarán sobre las cumbres de los montes; como sonido de llama de fuego que consume hojarascas, como pueblo fuerte dispuesto para la batalla. Delante de él temerán los pueblos; se pondrán pálidos todos los semblantes (Joel 2.4-6).

Cuando hay cielos abiertos sobre la Iglesia, la conquista es rápida y sin obstáculos. Si hay montes o barreras, el ejército de Dios saltará de manera sobrenatural sobre ellos. Aunque el poder humano se oponga, este ejército infundirá tanto temor que sus enemigos quedarán aterrorizados.

> Como valientes correrán, como hombres de guerra subirán el muro; cada cual marchará por su camino, y no torcerá su rumbo. Ninguno estrechara a su compañero, cada uno ira por su carrera; y aun cayendo sobre la espada no se herirán (Joel 2.7-8).

El pueblo de Dios con cielos abiertos tendrá asignaciones de conquista. Cada sección de este ejército cumplirá con su propósito: cada división y batallón no se ocupará de la conquista de otros batallones ni habrá celos ni contiendas entre sus diferentes divisiones. Todos estarán muy ocupados escalando muros de imposibilidades y milagros que antes habían impedido la conquista. Aunque el enemigo prepare armas para destrucción, este ejército no será afectado porque caminará bajo cielos abiertos.

> Delante de él temblará la tierra, se estremecerán los cielos; el sol y la luna se oscurecerán, y las estrellas retraerán su resplandor (Joel 2.10).

Este será un ejército sobrenatural. La misma naturaleza será testimonio del poder de Dios a través de la Iglesia. Y, como es lógico, obedecerá las órdenes de su General.

Las órdenes de Dios para su ejército

Hace algunos meses estaba en oración y meditaba acerca del llamado de Dios a la Iglesia de los últimos días: conquistar las naciones. Me pregunté: *¿Cómo sucederá esto y con qué recursos lo haremos?* El Espíritu Santo me hizo sentir que no haría temblar los corazones si reuniéramos millones de personas en los estadios más grandes de las naciones. Sin embargo, los corazones sí se quebrantarían si alguien, que puede ser un niño, un joven o una anciana va a una nación y declara que no lloverá hasta que lo ordene. Jonás fue a Nínive y toda la nación se arrepintió. El mensaje de Jonás fue muy simple y constaba de ocho palabras:

> Comenzó Jonás a entrar por la ciudad,
> camino de un día, y predicaba diciendo: De
> aquí a cuarenta días Nínive será destruida
> (Jonás 3.4).

Jonás declaró ocho palabras sobre Nínive y todos se arrepintieron. Esto prueba que caminaba bajo cielos abiertos.

El ejército de Dios declarará maravillas en la naturaleza y las naciones vendrán a los pies de Cristo.

> Jehová dará su orden delante de su ejército;
> porque muy grande es su campamento; fuerte
> es el que ejecuta su orden; porque grande es el
> día de Jehová, y muy terrible; ¿quién podrá
> soportarlo? (Joel 2.11).

Este es el ejército del Señor y quien da las órdenes es Él. En Joel 1, Dios habla acerca de un ejército de langostas que traerá juicio y destrucción a la tierra. Muchos hemos pensado que el ejército del capítulo dos era el mismo del uno. Sin embargo, el del capítulo dos es el ejército que Dios está levantando. Él da las órdenes que ejecuta un pueblo numeroso y fuerte.

Por tanto, debemos prepararnos y humillarnos delante de la presencia de Dios.

Exhortación del Espíritu al arrepentimiento

Finalmente, Jesús dijo:

> Será predicado este evangelio del reino en

todo el mundo, para testimonio a todas las naciones; y entonces vendrá el fin (Mateo 24.14).

El evangelio del Reino no es un mensaje de un Salvador sufriente y pobre, sino el de un Rey cuyo nombre es Jesús, llamado también Señor de señores y Rey de reyes. Su ejército predicará bajo cielos abiertos este mensaje a todas las naciones, «para testimonio».

La palabra *testimonio* significa «evidencia». Este mensaje será declarado con evidencias o pruebas que no dejarán dudas de que Jesús es el Rey. Por eso la Biblia habla de pruebas en la naturaleza, de soldados que caerán sobre sus espadas y de individuos que serán heridos a muerte y no morirán. Dios mostrará a las naciones evidencia de poder a través de su Iglesia. Por eso Joel termina con estas palabras:

> Por eso pues, ahora, dice Jehová, convertíos a mí con todo vuestro corazón, con ayuno y lloro y lamento. Rasgad vuestro corazón, y no vuestros vestidos, y convertíos a Jehová vuestro Dios; porque misericordioso es y clemente, tardo para la ira y grande en misericordia, y que se duele del castigo (Joel 2.12-13).

Como ya mencioné en el capítulo seis, existe un velo que cubre lo que Cristo ha escrito y está escribiendo en nuestros corazones. Él está escribiendo el evangelio del Reino en nuestras vidas. Sin embargo, para que este mensaje vivo se manifieste, debemos «convertirnos», voltearnos o girar hacia el Espíritu Santo y depender de Él.

Joel nos exhorta y dirige a girar hacia el Espíritu Santo con lamento de arrepentimiento y rasgando nuestros corazones. De esta manera contemplaremos la misericordia y el corazón clemente de Dios.

Dios mostrará a las naciones evidencia de poder a través de su Iglesia.

Prepárese. No tenga dudas de su destino en Dios, porque Él ya comenzó a abrir los cielos sobre la Iglesia, y este es solo el comienzo. Usted será parte del ejército que conquistará las naciones para el Rey y verá los cielos abiertos en su hogar, en su comunidad, en su ciudad y en su nación.

¿Está dispuesto a confiar en Dios? ¿Está dispuesto a mantenerse bajo el brazo de Dios hasta que llegue el día de la manifestación? El Espíritu Santo está hablando a la Iglesia de estos días a través de voces proféticas que avisan lo que se aproxima. En toda nación hay grupos cristianos que están esperando un avivamiento sin precedentes.

A manera de epílogo

Ha llegado el momento de terminar. Pero antes, quiero contarle lo que muchos están percibiendo del Espíritu Santo:

En primer lugar, el Espíritu Santo restaurará el primer mandamiento en el corazón del cristiano. Amaremos a Dios sobre todas las cosas. ¿Cómo sucederá esto? El Espíritu Santo abrirá nuestros corazones a la revelación del amor de Cristo, al amor del Novio por la Iglesia. De la misma manera que todo novio espera ansiosamente que llegue el día de las bodas, Jesús está esperando el día del Arrebatamiento de la Iglesia. Él nos desea. Esta revelación cambiará la manera de actuar y de vivir. Y de la misma manera que la novia prepara su ajuar, el Espíritu Santo estará vistiéndonos con la hermosura del Señor. Este mundo todavía no ha visto a una Iglesia caminando por las naciones con la hermosura de Jesús.

En segundo lugar, veremos la cosecha de almas más grandes de la historia. El crecimiento es por multiplicación. Hay alrededor de ochocientos a novecientos mil millones de cristianos en el mundo. Cuando venga la gran cosecha se salvarán por lo menos mil millones de personas. Esto es veinte por ciento de la población mundial. Imagínese, si en su ciudad hay alrededor de tres millones de personas, prepárese para recibir seiscientas mil nuevas almas. Esto no sucederá a través de nuestros programas. Cuando todos vean la hermosura de Jesús, los cielos abiertos sobre nuestras vidas, vendrán por sí solos. Se sentirán atraídos por la hermosura de Jesús.

En tercer lugar, Dios confrontará a la humanidad con la eternidad a través de juicios. Hageo dice que Dios hará temblar la tierra, los cielos, la tierra seca, el mar, todas las naciones. Ya estamos viendo cómo los cielos, la atmósfera, se están conmoviendo. Los terremotos sacuden la tierra. La tierra seca, los sembrados, no produce lo que se cosechaba años atrás. Las economías de las naciones tiemblan. Y la gente está perdiendo la esperanza en el futuro.

Algunos de estos juicios van a ser devastadores. Pero Dios hará esto por su misericordia. Dios confrontará al hombre con su mortalidad y con la realidad que debe enfrentarse a un Dios que pedirá cuentas. De la misma manera que los hombres de Dios del Antiguo Testamento desataron plagas, señales en la naturaleza, la Iglesia va a hacer lo mismo para que el hombre se vuelva a Dios. Sé que estas cosas son maravillosas, y sé también que Dios abrirá los cielos sobre toda nación y Jesucristo será glorificado.